KB079685

잘 봐 놓고 딴소리

드라마, 예능, 웹툰으로 말랑대는 미디어리터러시

잘 봐 놓고 딴소리

드라마, 예능, 웹툰으로 갈고닦는
미디어리터러시

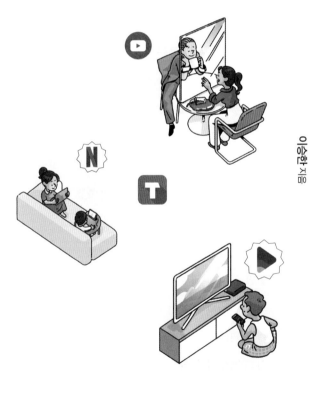

이승환 지음

북트리거

질문에 앞서

여러분은 TV 보는 법을 따로 배운 적이 있나요? 아마 대부분 그런 기억 같은 건 없을 겁니다. 기억할 수 있는 가장 오래된 과거를 떠올려 보세요. 그때에도 이미 TV는 켜져 있고, 여러분은 TV를 보고 있었을 겁니다. 극소수의 예외를 제외하면, 우린 그냥 TV가 거기 있으니까 TV를 보면서 자랍니다. 마치 왜 산을 오르느냐는 질문에, 산이 거기 있으니까 오른다고 대답하는 산악인들처럼요.

1981년 TV 보급률이 80%를 넘어서면서 TV는 가장 보편적인 대중 예술 매체가 되었습니다. 거실 한가운데 있는 게 너무도 당연한 물건이 된 거예요. 그리고 '거기 있는 게 당연한 것'을 어떻게 봐야 하는지 배우는 사람은 극히 드뭅니다. 그냥 거기 있으니까 보는 거지, 뭐 별거 있습니까? 마치 우리 중 절대 다수가 누군가에게 따로 배우지 않아도 숨 쉬는 법을 알아서 익히듯, TV 보는 것도 그렇습니다. 유튜브 네이티브(유튜브를 어릴 때부터 보고 자란 세대) 독자들이라고 해서 상황이 크게 다르진 않을 거예요. 유튜브 보는 법을 따로 배운 기억은 별로 없지 않나요?

그런데, 정말 그래도 괜찮은 걸까요? 우리가 TV를, 유튜브를, 인터넷 콘텐츠를 보는 태도는 우리가 세계를 인식하는 방식과 밀접한 연관을 지닙니다. 세계에 대한 우리의 지식은 대부분 책이나 신문, TV, 영화, 인터넷 등의 미디어를 거쳐 간접 체험을 통해 얻은 거니까요. 내 몸이 동시에 여러 군데에 존재하지 않는 이상, 직접 체험으로 얻을 수 있는 지식에는 한계가 있습니다. 우리는 뉴스를 통해 내가 겪지 않은 사건의 전말을 전해 듣고, 여행 프로그램을 보며 내가 가 본 적 없는 먼 나라의 풍경을 감상하고, 토크쇼를 보며 내가 직접 만나 본 적 없는 이의 속 깊은 내면을 읽어 내죠. 그리고 그렇게 미디어를 통해 쌓인 정보들은 우리가 세계를 바라보는 관점에 큰 영향을 끼칩니다. 우리의 세계관은 상당 부분 TV나 유튜브 같은 미디어들이 빚어 준 셈입니다.

'그냥 거기 있는 것'이라면 그냥 봐도 되지만, '내 세계관의 상당 부분을 빚어내는 세계의 창'이라고 생각하면 얘기가 달라집니다. 그런 거라면 최대한 잘 보는 방법을 익혀야죠. 이 정보가 나한테 유익한지 아닌지, 유익하지 않다면 어떤 부분을 비판적으로 검토해야 하는지, 나에게 타인을 향한 부당한 고정관념이나 근거 없는 적개심을 심어 주는 건 아닌지, 세계의 빛과 어둠을 가감 없이,

그러나 조화롭게 보여 주고 있는지 검토하며 봐야 합니다. 마치 체중 조절을 할 때면 매 끼니마다 탄단지(탄수화물, 단백질, 지방) 함량을 꼼꼼히 따져 가며 식단을 관리하는 것처럼, TV를 보고 유튜브를 보고 웹툰을 볼 때에도 내용물을 따져 보는 일이 필요해요.

압니다. 고작 TV 프로그램 하나 보고, 유튜브 동영상 하나 보고, 웹툰 한 편 읽는데 그런 고민을 하기란 번거로운 일일 수 있어요. 잠시 고민을 내려놓고 세상 시름 다 잊으려고 콘텐츠를 챙겨 보는 건데, 그러는 동안에도 고민을 해 보라는 말은 얼마나 부담스러운 얘기입니까. 재미있게 잘 봐 놓고는 괜히 딴소리를 하는 건 아닐까 걱정도 될 거고요. 게다가 막상 고민을 시작하려 해도, 어디에서부터 어떤 고민을 시작해야 할지도 막막할지 모릅니다. 누가 우리에게 TV 보는 법을 가르쳐 준 적은 별로 없으니까요.

이 책은 그 고민을 조금 더 오랫동안 해 왔던 저의 질문들로 만든 책입니다. 여러분이 스크린 앞에서 혼자 고민하지 않아도 되도록, 나는 이런 부분들을 줄곧 고민해 왔노라고 말하며 같이 고민해 보지 않겠냐고 묻는 책이지요. 물론 저라고 정답을 아는 건 아니기에, 이 책에는 뚜렷한 정답은 없고 생각해 볼 질문들은 많습니다. 하지만 비록 정답이 아닐지라도, 머리가 하나인 것보다는 둘인 편이 조금 낫지 않겠어요? 더 나은 질문을 던질 수 있도록 같이 고민해 준 《고교독서평설》의 서동조 편집자, 북트리거의 양선화 편집자와 함께 궁리하고 다듬은 이 책이, 여러분이 스크린을 마주할 때 생각의 운을 떼어 주는 좋은 친구가 되어 줄 수 있기를 진심으로 바랍니다.

2021년 10월, 서울 서대문에서

이승한

1장

'리얼'을 다시 쓰는 미디어 생활

드라마를
정말 드라마로만 ✳
봐도 될까?

여러분은 범죄 수사물을 좋아하나요? 범죄자를 잡으려 고군분투하는 탐정이나 형사가 나오는 영화와 드라마 말이죠. 저는 무척이나 좋아한답니다. TV 채널을 돌리다가 범죄 수사물이 나오면 몇 시간이고 넋 놓고 볼 정도로요. 그 장르만의 미스터리 구조가 흡인력을 발휘하기도 하지만, 진짜 이유는 따로 있는 것 같아요. 때때로 피가 난무하는 범죄 수사물을 보면서 이런 이야기를 하는 게 조금 이상할지 모르지만, 보고 있으면 '힐링'이 되거든요.

뉴스를 보면 세상에 악의를 갖고서 타인을 속이고 해치는 사람이 무수히 나오잖아요? 날마다 성범죄, 살인, 강도 등의 강력범죄 소식이 실리는 신문 사회면을 보고 있자면 자연스레 우울과 냉소에 빠지기도 합니다. 그럴 때 범죄 수사물을 보면, 누군가는 포기하지 않고 공동체를 조금이라도 안전하고 정의로운 곳으로 만들기 위해 노력하고 있다는 생각을 하게 되죠. 여기서 약간의 '위안'도 받고요.

드라마 속 경찰,
현실 경찰과 어떻게 다를까?

제가 그러한 위안과 '힐링'을 의심하게 된 계기는 미국의 범죄 드라마 〈클로저The Closer〉(2005~2012)를 보면서였어요. 로스앤젤레스경찰국LAPD의 주요범죄수사반 반장인 브렌다 리 존슨(키라 세지윅 분)은 사이코패스 변호사 필립 스트로(빌리 버크 분)를 체포하려 온갖 노력을 다합니다. 필립은 각종 법망을 악용해 성범죄를 저지르고도 물증 하나 남기지 않고 뻔뻔스레 체포와 기소를 피해 가고 있죠. 하지만 브렌다는 그 어떤 노력으로도 쓸 만한 물적 증거를 얻지 못합니다. 그래서 브렌다는 마치 분을 못 이긴 우발적 몸싸움인 것처럼 가장해서 필립을 덮쳐요. 그러고는 자기 손톱 밑에 남은 필립의 살점과 피를 채취한 뒤, 범죄 현장에서 발견한 물증에다 그의 DNA를 심습니다.

물론 드라마에서 필립 스트로는 누가 뭐라 해도 변명의 여지가 없는 악질 중의 악질 범죄자예요. 하지만 아무리 그렇다고 한들 경찰이 물리력을 동원해 용의자를 폭행하고 증거를 조작하는 일이 정당화될 순 없죠. 그런데 정신 차리고 보니 제가 내심 브렌다를 응원하고 있지 뭡니까?

증거 조작을 시도하는 경찰을 보면서 박수를 치다니, 제가 어떻게 된 걸까요? 어쩌면 경찰이 주인공인 드라마를 오래 본 탓인지도 모릅니다. 경찰이 '정의로운 주인공'으로 나오는 시리즈이니 당연히 경찰 편에서 바라보는 시야를 제공할 수밖에 없잖아요. 주인공이 경찰인 범죄 수사물에 '나쁜 경찰'은 잘 안 나오거든요. 성범죄 수사를 담당하면서 도리어 동료를 성폭행하는 경찰, 시위대를 향해 물대포를 발사하거나 무리하게 진압해 사상자를 내는 경찰, 수사를 빨리 종결하려고 죄 없는 사람을 잡아다가 윽박질러 거짓 자백을 받아 내는 경찰…. 이런 경찰이 현실에는 버젓이 존재하죠.

반면에 경찰이 주인공인 범죄 수사물에선 상대적으로 경찰의 관점이 더 강조됩니다. 총탄을 맞아 가며 목숨 걸고 강력범죄를 수사하는 헌신적인 경찰, 그렇게 안간힘을 써서 범인을 잡아 왔더니 증거가 부족해 기소가 어렵겠다며 속 편한 소리만 해 대는 게으른 검찰, 경찰의 헌신적인 노력에는 주목하지 않고 오로지 자극적인 기사만 써 대며 수사를 방해하는 언론….

물론 현실 세계에 좋은 경찰이 없다는 이야기를 하려는 건 아니에요. 제가 직접 겪어 본 경찰관들은 대체로 친절하고 헌신적인 사람이었죠. 아마 세상에는 그런 경찰이 더 많을 겁니다.

하지만 온통 정의로운 경찰들만 나오고 경찰 입장에서 겪는 고

충만 크게 보여 주는 '경찰 중심의 범죄 수사물'을 오래 보다 보면, 자연스레 작품 속 경찰들에게 감정이입을 하고 말아요. 경찰이 제대로 일 좀 할 수 있게 사회가 나서 도와줬으면 싶고, 그들이 일을 하려다 보면 태도가 불량한 용의자들에게 좀 윽박지를 수도 있고 거짓말로 회유할 수도 있다고 생각하게 되는 거죠. 그렇게 법에 어긋나는 행위까지 묵인하게 되면, 그 순간부터는 쭉 내리막길입니다. 당장 작품에서 보이지 않으니, 자신에게 주어진 지위와 권위를 악용하는 실제 경찰들의 존재를 슬며시 잊게 되고 그들이 제대로 처벌받지 않는 사회구조적 문제에 대해서도 눈감게 되는 거예요.

현실과 가상을 구분하지 못하는 건 누구 책임일까?

어떤 분들은 저를 한심하게 여길지도 모르겠네요. 명색이 TV 프로그램 비평을 업으로 삼는 사람이 드라마를 드라마로 못 보고, 현실과 가상을 구분하지 못한 채 그 책임을 엉뚱하게 창작자에게 돌린다고 말입니다.

사실 저 또한 오랫동안 그렇게 생각했어요. 이는 미디어 수용자의 **미디어 리터러시**media literacy 문제이며, 수용자가 현실과 가상을 헷갈려 하지 않도록

미디어리터러시
미디어 독해 능력. 사람들이 미디어를 접하고, 비평하고, 창조하거나 조작할 수 있게 하는 폭넓은 관습을 아우름.

교육할 책임은 교육기관과 사회에 있다고 말이죠. 한 개인이 사회에 대한 그릇된 인식을 갖고 그것을 표출하는 데는 여러 요인이 작용하는데, 단순히 매스미디어mass media(대중매체)만 탓하기 시작하면 다른 요인들이 감춰질 수도 있거든요. 특히 오랫동안 국가가 나서 집요하게 대중문화를 검열한 우리나라의 역사를 생각하면, 더더욱 대중매체 탓만 할 수가 없죠.

예를 들어 2001년 우리나라에서 중학교 3학년 남학생이 자신의 동생을 도끼로 살해한 일명 '친동생 도끼 살인 사건'이 발생했는데요. 언론에서 이 사건의 원인을 대체로 가해자의 게임 의존증과 〈이스 이터널Ys Eternal〉(1998)이라는 액션 RPG 게임 탓으로 몰아가는 바람에, 정작 도끼 같은 도검류 관리 소홀의 문제나 정신과 치료에 대한 사회적 편견 등의 원인에 대해서는 진지한 논의가 더 이상 이루어지지 않았어요.

또 다른 예로 1999년 미국의 한 고등학교에서 학생 두 명이 총기를 난사해 수십 명의 사상자를 낸 '콜럼바인고등학교 총기 난사 사건'을 들 수 있습니다. 현지 일부 언론은 범인들이 평상시 연쇄살인범의 이름을 딴 매릴린 맨슨Marilyn Manson이라는 뮤지션의 노래를 즐겨 듣고, 〈매트릭스The Matrix〉(1999)에 열광했다는 보도를 일삼았죠. 이 사건 이후로 더 많은 교내 총기 난사 사건이 벌어졌다는 걸 생각하면 참으로 안타까운 일입니다. 애먼 영화와 노래를 탓할 시간에 '총기류 관리 체계 부실'에 주목했다면 근본적인 논의를 더 일찍 시작할 수 있었을 테니까요.

그러한 범죄 행위에 대중매체가 영감이나 아이디어를 줬을지 몰라도 근본 원인으로 보기는 어렵습니다. 그런데 그 책임을 모조리 대중매체에 돌리는 건 필요 이상으로 창작자들을 위축시키는 일이에요. 나아가 범죄의 더 근본적인 원인을 찾지 못하게 만드는 함정이기도 하고요.

물론 우리는 '대중매체에 필요 이상의 책임을 묻지 말라.'를 '대중매체에 아무 책임도 묻지 말라.'로 오독해선 안 될 겁니다. 앞서 이야기한 것처럼 제가 드라마 속 경찰에게 턱없이 관대한 마음을 품게 된 것도, 알고 보면 꼭 저의 '독해력 부족' 때문이라고만 할 수는 없거든요.

미국 세인트존피셔칼리지의 캐슬린 도너번Kathleen M. Donovan 교수와 웨인주립대학교의 찰스 클람Charles F. Klahm 교수는 2015년 「엔터테인먼트 미디어가 경찰 물리력 행사에 대한 인식 형성에 기여하는 역할」이라는 논문을 발표했습니다. 이 논문에서는 '범죄 수사물을 즐겨 보는 사람일수록 경찰에 대해 긍정적인 이미지를 가진다'는 연구 결과를 제시하죠.

좀 더 구체적으로 살펴보면 이렇습니다. 이 논문에 따르면, 범죄 수사물을

매트릭스
라나 워쇼스키와 릴리 워쇼스키 자매가 감독한 미국의 SF 액션 영화. 컴퓨터에 의해 인간이 양육되는 미래 세계를 그리며, 우리가 살고 있는 현실이 실제로는 가상에 불과할지 모른다는 은유로 흔히 쓰임.

즐겨 보는 사람들을 대상으로 조사했을 때 '경찰의 범법 행위가 무고한 사람의 거짓 자백으로 이어질 가능성'에 대해 응답자의 47%가 '거의 없다', 16%가 '전혀 없다'로 답했어요. 이런 대중적 인식이 최근 미국에서 날마다 이슈가 되는 '경찰 사법 정의 시스템'을 개혁하는 데 걸림돌로 작용한다고 볼 수 있죠.

우리가 알고 있는 것들은 다 어디에서 왔을까?

어찌 보면 당연한 일인지도 모르겠습니다. 체험으로 얻을 수 없는 지식을 우리는 영화나 TV 드라마, 만화, 소설 등의 대중매체를 통해 간접적으로 경험합니다. 예를 들어 흔히 프랑스를 낭만적인 국가로, 수도인 파리를 온갖 문화가 꽃피는 도시로 생각합니다만, 우리 중에 직접 프랑스 파리를 체험해 본 사람의 비율이 얼마나 될까요? 그렇다면 '낭만적'이고 '문화적'이라는 이미지들은 죄다 어떻게 접한 걸까요? 당연히 각종 대중매체를 통해서일 겁니다.

경찰에 대한 인식도 마찬가지예요. 직접 수사 대상이 되어 경찰에게 조사받거나 체포된 경험이 있는 사람보다, 그런 경험이 없는 사람이 통계적으로 더 많을 수밖에 없어요. 그러니 우리가 경찰에 대해 갖고 있는 대부분 인식은 뉴스와 시사 보도 프로그램, 그리고 경찰이 주인공인 범죄 수사물이 만들어 준 것입니다. 이렇다 보니 범죄 수사물을 시청할 때, 범인이 분명한데도 증거가 부족하거나 적법한 절차를 밟아야 해서 범인을 놔주는 장면이 나오면 우리는 '경찰이 거추장스러운 제도 때문에 제 일을 못 한다'는 인상을 받게 되는 거죠.

이처럼 직접 체험해 보지 못한 세계에 대한 지식을 대중매체를 통해 얻어, 가상을 현실로 착각하게 되는 현상은 사실 그리 드문 게 아닙니다. 실제로 다양한 연구 결과, TV가 전달하는 내용이 시청자의 현실 인식에 영향을 끼친다는 가설이 입증된 바 있죠. 이를테면 미국의 커뮤니케이션학자 조지 거브너George Gerbner는 '대중매체를 많이 접할수록 사람의 인지나 사상이 대중매체의 묘사에 가까워진다'는 내용의 '배양 이론'cultivation theory을 주장했어요.

여러분도 이런 경험이 있을 겁니다. 방송이나 영화에 나오는 조직폭력배 캐릭터들이 주로 호남 지역 사투리 또는 연변 말씨를 쓰는 모습에 익숙해져서, 어느 순간 해당 지역에 대한 왜곡된 인식을 갖게 된 경험 같은 것 말이죠. 재벌 2세들을 '해외에서 경영학 학위를 따고 돌아와 젊은 나이에 권력을 쥠으로써, 꼰대들의 이권 다툼으로 유지되던 묵은 관행을 타파하는 젊은 피'로 그려 온 한국 통속극들이, 은연중에 대기업의 경영권 편법 상속을 정당화하는 데 일조하는 현실 또한 배양 이론을 증명하는 사례라 할 수 있겠네요.

그렇다면 미디어 수용자인 우리는 무엇을 어떻게 하면 되는 걸까요? TV 드라마가 현실을 묘사하는 방식에 대해 비판적 시선을 유지하기, 최대한 다양한 출처로 정보를 접하고 우리가 이미 가지고 있을지도 모르는 편견을 다시 한번 점검해 보기, 제작자들에게 자신의 콘텐츠에 대한 책임감을 요구하기…. 아마도 이 정도가 우리가 할 수 있는 일일 겁니다. 일단, "드라마는 좀 드라마로 봅시다." 같은 말을 하지 않는 데서부터 출발해 보면 어떨까요?

끝없이
'진짜'를 원할 때 ✳
벌어지는 일

한동안 '관찰 예능'을 참 열심히 보던 때가 있었어요. KBS〈인간의 조건〉(2013~2016), MBC〈전지적 참견 시점〉(2018~) 같은 프로그램은 방영 요일을 손꼽아 기다리며 챙겨 보곤 했죠. 기존 TV 프로그램에선 접할 수 없던 스타들의 '리얼'한 모습이 불쑥불쑥 튀어나오는 걸 보는 재미가 있었거든요. 예를 들어 다른 예능 프로그램에선 굉장히 기 센 모습을 보여 준 김숙이 〈인간의 조건〉에서 실은 낯가림이 있어 혼자 전화 개통하러 전화국 가는 일도 꺼리는 모습이나, 평소엔 심하게 낯을 가리는 캐릭터인 유병재가 〈전지적 참견 시점〉에서 매니저와 단둘이 있을 때면 너무나도 활기차 보이던 모습은 예상치 못한 즐거움을 줬답니다.

그 즐거움에 흠뻑 빠진 사람은 비단 저 하나뿐이 아니었나 봅니다. 오늘날 국내에서 손꼽히는 예능 프로그램의 상당수가 관찰 형식의 예능인 점만 봐도 이 사실을 알 수 있습니다. MBC 〈나 혼자 산다〉(2013~)를 비롯해 KBS 〈슈퍼맨이 돌아왔다〉(2013~)와 〈사장님 귀는 당나귀 귀〉(2019~), tvN 〈삼시세끼〉(2014~2020), SBS 〈미운 우리 새끼〉(2016~), TV조선 〈와카남〉(2018~)과 〈연애의 맛〉(2018~2019) 같은 프로그램들이 각 방송사 예능 라인업의 제일 앞자리를 차지하고 있죠.

판타지에 지치고
토크쇼에 배신당하고

사람들이 관찰 예능에 열광하는 이유는 무엇일까요? 아마 기존 방송이 제공하던 '판타지'에 대한 불신 때문일 겁니다. 우리는 드라마나 시트콤, 코미디처럼 각본이 탄탄하게 짜인 TV 프로그램을 보며 스타들의 매력에 빠지곤 해요. 당연한 얘기지만, 연기를 통해 보여 주는 이미지가 실제 그들의 모습일 거라고 생각해서 환호하는 건 아닙니다. 우리는 픽션이란 사실을 뻔히 알면서도, 픽션이 제공하는 즐거움을 온전히 누리고자 잠시 '거짓에 속기'를 선택하는 겁니다.

이 판타지가 깨지는 순간이면, 어쩔 수 없이 조금 놀라게 됩니다. 입대를 앞둔 청년의 심경을 절절히 담아낸 〈이등병의 편지〉

(1993)를 부른 가수 고故 김광석이 사실은 방위병 출신이란 걸 알게 됐을 때 느끼는 당혹감, 눅눅한 자취방에서 피기도 전에 시들어 가는 청춘을 노래한 〈싸구려 커피〉(2008)의 장기하가 실은 백수인 적도 자취생인 적도 없다는 걸 전해 들었을 때의 얼떨떨함, 서민적인 '동네 아저씨' 연기로 사랑을 받은 탤런트 임현식이 알고 보면 성악을 공부하고 취미 삼아 바이올린을 연주하는 엘리트 예술인이란 사실을 접했을 때의 놀라움 같은 감정 말이에요.

한때 토크쇼 예능이 인기를 끈 건 아마도 그런 현실과 방송의 간극을 메우고 싶어 하는 대중의 욕망이 적극적으로 반영된 결과일 겁니다. 스타의 이력, 가족사, 개인적인 생각 등을 나눌 수 있는 토크쇼는 모두에게 윈윈win-win으로 보였어요. 대중은 자신이 몰랐던 스타의 뒷이야기를 스타의 입으로 직접 들으며 판타지와 현실 세계의 간극을 좁혀 나갈 수 있어 좋았고, 스타들은 개인사를 자기만의 속도로 통제하며 풀어놓을 수 있으니 좋았죠.

특히 스타들로서는 위험하거나 민감한 사실을 고백할 때 토크쇼 출연이 참 쓸모가 있었습니다. 연예 정보 프로그램에 출연해 이미 공개된 사실들을 한꺼번에 해명하느라 허둥지둥하는 것보단, 자신이 감당할 위험에 준비를 해 두고 주도적으로 정보를 공개하는 편이 여러모로 안전했을 테니까요. 이런 이유 때문이었을까요? 2000년대 중후반에는 월요일부터 금요일까지 지상파 방송 채널의 심야 예능 시간대가 온통 토크쇼로만 채워지던 시절도 있었답니다.

그러나 스타들이 토크쇼를 통해 고백하고, 이를 대중이 듣는 것만으론 충분하지 않았나 봅니다. 토크쇼도 엄연히 시청률을 놓고 경쟁하는 예능 프로그램인데 연출이 안 들어갈 순 없었거든요. 많은 연예인들이 판타지와 현실의 간극을 좁히고 설득하는 토크쇼의 장르적 성격에 기대어, 자기가 대중에게 어필하고픈 이미지를 강조하기 시작했습니다. 인상을 더 깊게 남기기 위해 사연을 과장하거나 축소하고, 심지어는 새로 지어내기도 하며 자신에게 유리한 말로 쇼를 채워 갔죠. 더욱 진솔한 대화를 끌어내기 위해 가끔은 어려운 질문도 던질 줄 알아야 했던 토크쇼 제작진들은, 원만하고 감동적인 자기 고백의 서사를 만드는 데만 집중해 함께 고개를 끄덕이며 눈물을 훔쳤고요.

하지만 그게 시청자들 눈에 안 보였을까요? 방송을 만드는 이들만 장르 공식에 익숙해진 게 아니라, 방송을 보는 대중도 익숙해질 만큼 익숙해졌거든요. 시청자들은 토크쇼가 '진솔함'이라는 새로운 판타지를 팔고 있단 사실을 간파했습니다. 예를 들어 강호동이 진행하던 인기 토크쇼인 MBC 〈무릎팍도사〉(2007~2013)는, 범죄를 저지르거나 큰 물의를 빚고 방송가를 떠났던 스타들이 눈물의 고백으로 시청자의 동정표를 산 뒤에 다시 활동을 시작하려는 '이력 세탁의 장'이란 비판을 받기도 했죠.

'리얼 버라이어티'보다
더 '리얼'한 예능

MBC 〈무한도전〉(2005~2018)과 KBS 〈1박 2일〉(2007~)이 문을 열어젖힌 일명 '리얼 버라이어티'real variety 장르는 이런 기존 예능 프로그램의 한계를 뛰어넘으려는 시도였어요. 스타들을 진짜 배고 픔, 진짜 추위, 진짜 경연 대회 등의 상황으로 밀어 넣은 뒤에, 그들이 상황에 대처하며 보이는 날것의 반응을 시청자에게 전달하는 것이 이 장르의 핵심이었습니다. 이런 날것의 반응은 좀처럼 미리 준비할 수도, 꾸며 낼 수도 없는 진짜 '진짜'처럼 보였죠. 시청자들은 〈무한도전〉 멤버들이 에어로빅 경연 대회 출전을 준비하며 육체적 고통과 팀 내 갈등을 경험하고 그걸 이겨 내는 과정을 지켜보면서 함께 울고 웃었고, 〈1박 2일〉 멤버들이 새벽 조업에 나선 오징어잡이 배에 올라타 선원들과 함께 파도를 견디는 모습을 보며 즐거워했답니다.

하지만 리얼 버라이어티라고 해서 대본이 아예 없는 건 아닙니다. 추위와 배고픔, 갈등과 같은 핵심 서사는 현장에서 만들어지는 것이라 해도, 녹화 진행 순서나 멤버들 사이의 은근한 러브라인과 신경전 등은 거의 사전에 합의한 대본대로 이뤄지는 거죠. 시청자들도 이제 대부분 그 사실을 압니다. SBS 〈패밀리가 떴다〉(2008~2010)에서 김종국이 참돔을 직접 낚은 게 맞냐 아니냐를 두

27

고 네티즌과 방송국 측이 설전을 벌인 사건을 기점으로, '리얼 버라이어티는 정말 순도 높은 진실을 보여 준다'는 판타지 또한 그 힘을 잃었으니까요.

관찰 예능은 이처럼 판타지에 매료됐다가 다시 거짓이라고 밀쳐 내는, 시청자와 방송사 사이의 오래된 '밀고 당기기'의 최신판이라 할 수 있습니다. 촬영 후 편집을 통해 서사 구조를 단정하게 정리하고 캐릭터를 부여하는 수준의 '제작진 개입'은 존재하지만, 그 점을 고려해도 지금껏 한국 예능이 선보여 온 장르 가운데 판타지와 현실의 경계가 가장 흐릿하거든요. 관찰 예능은 카메라맨들을 최대한 뒤로 물리고 무인 카메라와 '고프로'GoPro(미국의 액션 카메라 브랜드)를 집 내부와 차 안 곳곳에 숨기듯 설치해 둔 뒤, 스타들이 방송을 덜 의식한 '일상'에 가까운 상태로 생활하도록 유도하는 방식을 취합니다. 리얼 버라이어티와는 또 다르죠?

날것의 반응을 끌어내려고 괜히 극단적인 상황을 연출하는 건 관찰 예능에선 오히려 낡은 접근법이 됐어요. 밥 먹고 집안일하고 장을 보는, 일상적이고 평범한 상황이야말로 사람들이 관찰 예능에서 찾는 '리얼함'입니다. 구태여 저렇게 시시콜콜한 모습을 꾸며 내 진짜라고 설득할 이유는 없어 보이거든요.

그렇다면 관찰 예능이 우리에게 보여 주는 것은 이제 진짜 '진짜'인 걸까요? 글쎄요, 그게 좀 애매합니다. 관찰 예능이라고 해서 연출된 장면이 아예 안 들어가는 건 아니니까요. 〈나 혼자 산

다〉에서 출연자 박나래가 친구 홍현희의 결혼을 축하하며 세탁물 건조기를 선물한 장면이나, 멤버들이 다 같이 MT를 떠난 회차 등은 명백히 제작진의 연출이 진하게 개입한 대목입니다. 전자는 노골적인 PPL Product Placement이고, 후자는 쇼에 서사적 기둥을 세우는 이벤트죠.

PPL

제품 간접광고. 방송 프로그램에 특정 브랜드 상품을 등장시키거나, 업체의 이미지나 명칭 등을 노출해 무의식중에 각인시키는 광고 마케팅 전략.

하지만 이런 제작진의 연출보다 더 위험한 게 있답니다. 바로 '출연자의 연출'입니다. 출연자가 시청자들과 공감대를 형성하기 위해 일부러 본모습을 감춘 채 '평범하고 인간적인' 모습을 연출하는 경우는 왕왕 있어요. 그런데 이 목적이 자신의 잘못이나 범죄 사실 등을 감추기 위한 것일 때, 뒤늦게 시청자는 매우 큰 혼란을 겪게 됩니다. 〈전지적 참견 시점〉에 연예인의 매니저로 잠시 출연해 대중의 호감을 샀다가, 과거 학교 폭력에 연루됐다는 의혹이 불거져 프로그램에서 하차하고 회사에서도 퇴사한 유 모 씨의 사례처럼요.

'진짜'에 집착할수록
'진짜'와 더 멀어지는 아이러니

매니저들은 예능 프로그램에 출연했다고 해도 일반인에 가까우니 대중에 미치는 피해의 규모가 좀 작은 편입니다. 하지만 현재 활발하게 활동하는 인기 연예인이라면 어떨까요?

빅뱅의 멤버였던 승리는 〈나 혼자 산다〉와 〈미운 우리 새끼〉를 통해, 성공한 청년 사업가 '위대한 승츠비'(미국 소설 『위대한 개츠비』의 패러디)라는 이미지를 만드는 데 성공했습니다. 자기 소유의 클럽과 요식업 프랜차이즈가 있고 해외 바이어와도 바쁘게 미팅하는 '번듯한' CEO 이미지로 단번에 전성기를 누렸죠. Mnet의 공개 오디션 프로그램이었던 〈슈퍼스타K〉(2009~2016)로 데뷔한 정준영 또한 MBC 〈우리 결혼했어요〉(2008~2017)와 〈나 혼자 산다〉, SBS 〈남사친 여사친〉(2017), tvN 〈더 짠내투어〉(2017~2020) 등 여러 관찰 예능을 통해, '타인에게 폐 끼치는 걸 극도로 싫어하는' 사람이란 이미지를 만드는 데 성공했고요.

그런데 이렇게 자신의 대외적 이미지를 탄탄히 구축한 두 연예인은, 그 뒤에 숨어 성매매와 집단성폭행 등의 끔찍한 범죄를 저지른 혐의로 징역형을 선고받았습니다. '번듯한', '폐 끼치는 걸 싫어하는' 사람이라는 이미지는 실제로 피해자들이 경계심과 의심을 풀게 만드는 요인이었을 겁니다. 정말 안타까운 일이에요.

우리는 여전히 방송을 통해 내가 본 것이 진실이기를 내심 바라곤 합니다. 내가 느낀 호감, 내가 내린 판단이 거짓이 아니길 원하는 거죠. 콘텐츠 제작자들은 이와 같은 시청자의 욕망에 맞추어 더 진짜처럼 느껴지는 판타지를 제공하려고 해요. 우리가 리얼 버라이어티나 관찰 예능에서 보는 장면들은, 제작진이 진짜라고 믿어 주길 바라며 만든 판타지인 셈입니다.

　어떤 이들은 승리와 정준영의 사례를 들면서, 제작진 측이 출연자가 어떤 사람인지 더욱 철저히 검증해야 한다고 주장하지만, 작정하고 속이려 드는 사람을 사전에 가려낼 방법이 그리 많진 않습니다. 오히려 진짜 중요한 일은 TV가 제공하는 판타지와 현실 세계 사이엔 함부로 속단하기 어려운 거리가 존재한다는 사실을 겸허하게 인정하는 것일지도 모르겠네요. 시청자들이 '진짜'에 집착하면 할수록 판타지를 더욱 실감 나는 방식으로 포장하는 기술은 점점 더 발전할 테니까요. TV를 비롯한 미디어가 보여 주는 모습을 객관적이고 비판적인 자세로 수용하는 것만이, 사람의 믿음을 악용하려는 이들로부터 우리를 지키는 길이 아닐까요? 즐거움이야 조금 덜할지 몰라도 말이죠.

온 천지가
마스크다, ✳
TV만 빼고

2020년 연말에 MBC every1 드라마 〈제발 그 남자 만나지 마요〉(2020~2021)를 보다가 마음이 좀 복잡해진 순간이 있었어요. 소방관 정국희(이준영 분)는 주택가 화재 진압을 위해 출동한 곳에서 아직 잔불이 다 꺼지지 않은 집으로 들어가야 한다고 한사코 우기는 취객을 만납니다. 취객은 자기가 뭔가 구해 내야 할 게 있다고 하죠. 부양가족이 있냐고 묻는 소방관들에게 이웃이 끼어들어 대답해요. "그 아저씨, 사재기하는 아저씨예요. 마스크랑 손소독제랑." 인화성 물질인 알코올 손소독제를 쌓아 놓고 산다는 말에 소방관들은 일순간 긴장하고 전원 대피를 지시하지만, 취객은 오히려 주변 이웃을 향해 훈계하기 시작합니다. "니들 정신 똑바로 차려! 바이러스 또 온다!"

드라마 속 세상에선 코로나19 바이러스가 근절되어 사람들이 더는 마스크도, 손소독제도 안 써도 되는 모양입니다. 현실은 백신 접종을 받더라도 확산세가 완전히 잡힐 때까지 한동안 계속 마스크를 쓰고 다녀야 할 상황이지만요. 드라마 등장인물 그 누구도 마스크를 쓰고 있지 않은데 마스크와 손소독제를 사재기한 사람은 나오는 이 기묘한 장면! 아마 작품 속 인물들에게 죄다 마스크를 씌울 순 없다는 현실적인 조건과, 어떤 식으로든 당대 시청자들이 공감할 만한 고충이나 공포를 작품에 반영하고 싶다는 마음이 만나 만들어 낸 타협안일 거예요.

TV 속 사람들은
왜 마스크를 안 쓰고 있을까?

현실 세계에선 공공장소에서 마스크를 안 쓰면 처벌까지 받는 상황인데도 TV 속 사람들은 여전히 '마스크 없이' 웃고, 떠들고, 사랑합니다. 물론 드라마에서 등장인물에게 마스크를 씌우지 않는 이유는 다소 복합적이죠.

마스크를 착용하면 연기자가 감정을 표현하고 대사를 말하는 등의 기본적인 일들이 힘들어져요. 표정이 절반 이상 가려지고, 대사도 마스크를 거치고 나면 마이크에 잡히는 소리 양이 대폭 줄어드니까요. 이런 기술적 제약을 뚫고 눈빛 하나로 명연기를 펼치는 배우도 간혹 있겠지만, 모든 연기자가 다 그런 조건을 이겨 낼 수 있는 건 아니죠. 또 이겨 내야 한다고 말할 수도 없고요.

오랜 시간 대본을 다듬고 제작을 준비하는 드라마 장르의 특성도 감안해야 합니다. 2019년 말에 발견되어 2020년 지구 전체로 퍼져 나간 코로나19를 급하게 작품에 반영하는 것 또한 쉬운 일은 아니었을 겁니다. 요새는 **사전 제작**이 보편화하는 추세니 미리 찍어 둔 작품도 많았을 테죠.

게다가 드라마를 보는 사람들은 대개 잠시라도 현실과 거리를 두고 싶어 하는 경향이 큽니다. 드라마 주인공이 툭하면 '천재 프로파일러'나 '정의로운 히어로', '막대한 부를 자랑하는 재벌 3세'인 것도 다 이런 이유 아니겠어요? 복잡하고 불편한 일이 가득한 현실을 살아가는 시청자들은, 드라마를 시청하는 그 잠깐만이라도 주인공이 압도적인 능력으로 현실을 간단명쾌하게 극복하는 판타지를 보고 싶어 해요. 그러니 코로나19가 인류의 가장 큰 근심인 이 시절에, 드라마는 마스크 안 쓰고 자유롭게 다니던 옛 '일상'을 보고파 하는 시청자들의 욕망을 허구를 통해서라도 채워 주는 거죠.

명백히 통제된 허구의 세상인 드라마는 그렇게 이해할 수 있겠습니다. 하지만 엄연히 현실 세계

사전 제작

방영에 앞서 미리 전체 또는 일정 분량의 회차를 완성하는 드라마 제작 방식. 높은 완성도가 장점이지만, 인기가 검증되지 않은 상태에서 거액의 제작비를 마련해야 하고, 시청자 반응에 맞춰 내용 전개를 바꾸기 어려워 한국 드라마 제작 현장에는 도입이 늦었음.

에 발붙인 예능 프로그램에선 왜 마스크를 쓰지 않는 걸까요? 예능 프로그램마다 방송 서두에 "이 프로그램은 사회적 거리 두기 △단계 격상 전인 ○○월에 촬영됐고, 방역 수칙을 준수하여 제작되었습니다."와 같은 안내 자막을 내보냅니다. 또 제작진과 출연자들이 체온을 재고, 손소독제를 바르고, 방문 기록을 남기는 모습을 잠시나마 보여 주기도 하고요. 그러나 막상 본격적인 촬영에 들어가면 출연자 전원이 마스크를 벗은 상태예요. 야외 장면에서는 마스크를 쓰고 있더라도 실내 장면에선 다들 당연하다는 듯이 마스크를 벗죠. 거꾸로 됐다는 생각이 들지 않나요? 사실 바이러스가 호흡기 비말을 통해 전파될 위험은 실외보다 실내에서 훨씬 더 큰데 말입니다.

특히 두 명 이상의 진행자가 한 테이블을 공유하는 프로그램을 보고 있으면, 정말로 기분이 미묘해져요. 비말 감염을 피하려면 실내에서 되도록 마스크를 벗지 말아야 하며 서로 2m 이상 거리를 두고 앉는 게 중요하다는 '방역 수칙'을 얘기하는 사람들이, 정작 자기들은 마스크를 안 쓰고 1m도 채 떨어지지 않은 상태로 앉아 있거든요.

아무래도 아이러니하죠? '더 보기 좋은 그림'을 위해서 그런 선택을 한 것으로 이해하고 넘어가는 분도 있겠지만, 여전히 의문은 남습니다. 보기 좋은 모습을 갖추고 싶은 건 모든 이의 욕망인데, 왜 방송만 그 욕망을 방역 수칙보다 우선시하는 게 허용될까요?

욕망을 반영하는 동시에,
억눌린 욕망을 자극하는 TV

'TV는 TV일 뿐'이라고 생각하는 분도 많을 거예요. 그러나 이렇게 이해하고 넘어가기에는 TV가 보여 주는 '연출된 세계'가 우리에게 끼치는 영향이 너무 큽니다. TV는 우리의 욕망을 반영하는 데 그치지 않습니다. 적극적으로 우리의 욕망을 자극하고, 더 나아가 없던 욕망을 주입하기도 하죠.

방송에서 멋진 여행지를 보여 주면 나도 거기에 가고 싶고, 맛있는 음식을 보여 주면 나도 한 입 먹고 싶고, 근사한 신제품을 보여 주면 나도 사고 싶다는 생각이 드는 게 사람 마음이니까요. 밤 시간대에 방영되는 '먹방' 프로그램에서 어떤 메뉴를 보여 주는지에 따라 배달 앱 주문량이 즉각 달라진다고 해요. 시청률이 잘 나오는 프로그램에 PPL이 붙는 건 다 이유가 있는 셈입니다. 이성으로는 'TV는 TV, 현실은 현실'이라고 구분할 수 있을지 몰라도, 욕망은 무의식의 영역에서 끊임없이 자극받게 마련이에요.

그렇다면 '마스크를 안 쓴 채로 자유롭게 웃고 떠드는 사람들'을 보여 줬을 때, 우리는 어떤 욕망을 자극받을까요? 하루빨리 우리도 저렇게 웃고 떠들 수 있는 날이 오도록 더 철저히 방역 수칙을 지켜야겠다는 욕망? 그건 이성과 윤리라는 필터링을 몇 단계 거친 뒤에 출력되는 생각이겠죠.

욕망은 그렇게 복잡한 단계를 거치지 않습니다. '나도 마스크 쓰는 거 너무 불편해. 사실은 벗고 싶어.' 이런 욕망을 직접적으로 자극받는다는 뜻이에요. 우리나라 사람들이 방역 수칙 준수에 매우 민감하고 끊임없이 자기 자신과 서로에게 수칙을 강조하는 편이라서 그 욕망을 실천에 옮기는 이가 적을 뿐, 우리는 TV 안에서 마스크 없이 모여 웃고 떠드는 사람들을 볼 때마다 같은 욕망을 자극당합니다. 나 또한 좋아하는 사람들과 모여서 마스크 없이 둘러앉아 회포를 풀고 싶다는 욕망을요.

자극된 욕망이 분출할 곳을 찾지 못하면 어떻게 될까요? '욕망을 꾹 참고 있는 나'와 달리 '욕망에 따라 멋대로 행동하는 얌체 같은 사람들'을 향한 분노와 적개심으로 이어질 거예요. 실제로 SBS 〈동상이몽 2: 너는 내 운명〉(2017~), MBC 〈선을 넘는 녀석들〉(2018~), JTBC 〈1호가 될 순 없어〉(2020~2021) 등 출연자의 마스크 착용 상태가 불량한 모습이 노출된 예능 프로그램은 시청자들의 강한 비판을 받았습니다.

해당 프로그램 제작진은 "방역 수칙을 철저히 지키며 촬영했다.", "사회적 거리 두기 단계가 상향되기 전에 촬영한 분량이 나중에 방영된 것뿐이다."라며 해명에 나섰지만 시청자들이 그런 점을 몰라서 화가 난 건 아닐 겁니다. 다만 TV 밖에서 평범한 일상을 보내는 수많은 시민이 경험하는 '불편과 고통'에, TV 속 사람들이 연대하는 시늉이라도 좀 해 줬으면 하는 마음인 거죠. 드라마는 허

구의 세상을 배경으로 하고 있으니 양해해 준다 하더라도, 우리와 같은 세계를 공유하는 예능 프로그램은 마스크 착용에 동참해 줬으면 하는 바람입니다.

당연한 이야기지만, TV가 반드시 현실만을 충실히 반영할 필요는 없어요. 우리는 드라마나 예능 프로그램에 등장하는 화려하고 아름다운 풍광을 보면서 새로운 세계를 간접적으로 체험하며 대리만족을 느낍니다. TV가 꼭 현실만을 보여 준다면 이런 경험은 불가능한 일이 되겠죠.

그러나 TV가 현실과 완전히 유리된 판타지만 내보낸다면, 이건 위험한 신호입니다. TV는 영상 매체 가운데서도 동시대성이 가장 강력하고, 그렇기에 당대의 욕망과 고민을 투영하는 창이 되거든요. 나와는 너무 동떨어진 이야기만 TV에서 계속 흘러나온다면 시청자들은 이내 TV를 외면하고 말 거예요.

일상이 크게 달라졌다면
일상을 위로하는 언어도 달라져야

2021년 1월에 방영을 시작한 tvN 〈윤스테이〉는 배우 윤여정을 비롯한 연예인들이 해외에서 작은 한식당을 열고 가게를 경영했던 〈윤식당〉(2017~2018)의 후속편입니다. 코로나19 상황 탓에 외국인을 대상으로 국내에서 게스트하우스를 운영하는 형식으로 바뀌었죠. 〈윤스테이〉는 방송 내내 손님들이 체온을 재고, 손소독제를 바르며, 외국인등록번호를 기입하는 모습을 반복해서 보여 줬어요. 평범한 일상의 장면들을 과도한 편집 없이 자연스레 프로그램 안에 녹여 내자 시청자들의 반응도 호의적이었습니다. '코로나19의 현실을 드러내는 장면을 넣으면 사람들의 불안을 더 자극하는 게 아닐까?' 하는 걱정은 기우였죠. 공포가 존재하지 않는 척 지나치지 않고 프로그램 안에 현실을 담아낸 선택이 많은 시청자의 공감을 얻은 겁니다.

2020년 연말에 방영된 〈MBC 방송연예대상〉도 평이 나쁘지 않았어요. 같은 연단을 나눠 쓰는 세 명의 MC가 마스크를 안 쓴 점은 지적받았지만, 적어도 MC들을 제외한 시상자와 수상자 전원이 시종일관 마스크를 제대로 착용했거든요.

백신 접종이 이루어지고 있기는 하지만, 예전처럼 마스크 없이 모여 앉아 웃고 떠들고 맛있는 음식을 나눠 먹을 수 있으려면 훨씬 오랜 시간을 기다려야 할 듯해요. 그때까지는 지금처럼 마스크를 쓰고 거리 두기를 이어 가는 삶이 우리의 새로운 '일상'인 거죠. 우리의 일상이 크게 달라졌다면, 이러한 일상을 담아내고 위로하는 언어도 그에 맞춰 변해야 하지 않을까요? 그 변화는 엄연히 존재하는 공포를 외면하기보다 '인정'하는 데서 시작될 겁니다.

일진을 때려눕히면
학교 폭력이 ✳
사라질까?

　최근 연예인들이 학생 시절 학교 폭력을 저질렀다는 주장이 자주 보도되고 있습니다. 가해자로 지목된 이들 중 일부는 혐의를 인정해 연예계에서 사실상 퇴출당했고, 상당수는 아직 사실관계를 따지는 중입니다.

　최근의 폭로는 학교 폭력이 과거보다 더 심각해진 결과일까요? 그렇게 보긴 힘듭니다. 2012년 교육부(당시 교육과학기술부)가 최초로 시행한 「학교 폭력 실태 조사」에서 '최근 1년간 학교 폭력 피해 경험이 있다'고 응답한 비율은 전체 참여 학생의 12.3%였어요. 이 응답률은 이후 2017년 0.9%가 될 때까지 꾸준히 낮아졌다가, 2018년 다시 1.3%로 증가해 2019년 1.6%를 기록했죠. 코로나19 유행 탓에 출석 일수가 줄어든 2020년엔 다시 0.9%로 하락했고요. 응답률이 급증한 2019년을 기준으로 봐도, 여전히 처음 실태조사에 나선 2012년에 비하면 큰 폭으로 줄어든 수치임을 알 수 있습니다. 대검찰청의 「범죄 분석 통계」를 살펴봐도, 2008년부터 2018년까지 10년간 소년범죄자 비율은 전체 범죄자 수의 5.5%에서 3.8%로 감소했고요.

가해자를 벌하는
복수와 구원자 서사

학교 폭력의 심각성은 줄어들었는데, 피해를 입었다는 주장은 점점 더 빈번하게 제기되는 까닭은 뭘까요? 아마도 꾸준한 인권 교육을 통해 사람들이 과거보다 자기 권리를 더 잘 인지하게 됐고, 온라인을 통해 학교 폭력에 대한 문제의식을 공유하게 되었으며, 공개적으로 문제를 제기해 공론화하는 방법을 찾았다고 보면 정확할 것 같아요. 성폭력 생존자들이 강요된 침묵을 깨고 나와 피해 사실을 고발하며 사회를 바꾼 것처럼, 학교 폭력 생존자들 또한 수치심에 짓눌려 침묵을 택하는 대신 당당히 피해 사실을 이야기할 수 있는 분위기가 되었다는 건 바람직한 일입니다.

이런 시대상을 반영한 결과일까요? 학교 폭력 가해자를 처단하는 내용을 담은 드라마나 웹툰 등의 콘텐츠가 점점 더 인기를 끌고 있어요. 학교 폭력 피해자였던 등장인물이 어떤 계기로 각성하여 가해자를 무력으로 제압하는 전통적 복수 서사도 있고, 무력으로든 지략으로든 가해자를 압도적으로 제압할 수 있는 존재가 등장해 구원자가 되어 주는 작품도 눈에 띄죠.

전통적 복수 서사를 선보인 건 OCN 드라마 〈경이로운 소문〉(2020~2021)입니다. 주인공 소문(조병규 분)은 어린 시절 교통사고로 부모님을 잃고 자신도 한쪽 발목에 장애를 얻어 지팡이를 짚는 캐릭터예요. 소문은 학교에서 '일진'으로 군림하는 신혁우(정원창 분)와 그 패거리에게 괴롭힘당하는데, 이때 등장한 도하나(김세정 분)가 단숨에 그들을 제압해 버리죠. 굴욕감을 만회하려는 혁우가 소문의 절친인 김웅민(김은수 분)을 잡아다가 인질로 삼자, 분노한 소문은 자기가 얻은 '카운터'(악귀 사냥꾼)의 능력을 발휘해 일진들을 때려눕힙니다.

한편 비슷한 시기 네이버에서 공개된 웹툰 〈참교육〉(2020~)은 구원자 서사를 따라요. 작품 속 대한민국에는 교육부 산하에 '교권보호국'이라는 조직이 신설되죠. 극단적이고 악랄한 학교 폭력 사례에 한해, 훈육 방법에 제한받지 않는 권한을 지닌 교권보호국 감독관이 파견돼 사태가 해결될 때까지 무력으로 학교 폭력을 제압한다는 내용입니다. 특수부대 출신의 교권보호국 감독관 나화진이, 주먹 하나 믿고 다른 학생들을 괴롭히는 일진을 제압하며 교내 권력 구조를 뒤집어엎는다는 내용이 전개돼요.

폭력을 더 큰 폭력으로,
권력을 더 거대한 권력으로

주목해 봐야 할 점은 작품들이 제시하는 학교 폭력의 원인과 해법이에요. 드라마 〈경이로운 소문〉에서 소문과 그의 절친들을 향한 괴롭힘을 주도하는 신혁우는, 아버지 신명휘(최광일 분)가 다음 대통령 후보로 손꼽히는 시장이란 사실 때문에 교사들이 함부로 대하기 어려운 존재로 그려집니다. 강압적인 아버지에게서 당한 폭력과 이에 따른 콤플렉스를, 아버지의 권력을 믿고 학교 안에서 해소하는 악역이죠. 혁우의 친구들도 부모님이 지역 유지인 것으로 묘사되고요.

웹툰 〈참교육〉의 류준형이라는 학생 또한 '3선 국회의원 류광필의 아들'이란 후광을 믿고서 학생들을 괴롭히고 집단따돌림을 주도하는 캐릭터입니다. 혁우와 마찬가지로 그도 아버지의 폭력을 겪으며 받은 스트레스를 학교에서 해소하죠.

폭력적인 문화와 훈육 방식에 노출된 채 살아온 청소년이 이를 학습해 자신 또한 가해자가 된다는 점과, 그들이 부모 후광이나 스스로 무력으로 얻은 또래 내 권력 등으로 처벌을 피해 간다는 점은 두 작품이 공유하는 설정이에요. 또한 〈경이로운 소문〉과 〈참교육〉이 가해자를 징벌하는 해법으로 제시한 방식은 모두 피해자가 경험했을 참담함을 '징벌자'가 무력과 권력을 통해 가해자들도

몸소 체험케 하는 겁니다.

먼저 〈경이로운 소문〉을 볼까요? 카운터로 일하면서 초인적인 능력을 얻게 된 소문은 그 힘으로 일진들을 때려눕힙니다. 이런 그가 일진들의 부모인 지역 유지들에 의해 가해자로 몰리는 순간, 카운터들의 물주인 재벌 최장물(안석환 분)이 등장해 압도적인 재력과 권력으로 지역 유지들의 영향력을 상쇄해 버리죠. 〈참교육〉에서도 마찬가지예요. 압도적인 격투 능력으로 일진들을 제압하는 교권보호국의 방식에 인권침해 소지가 있다는 비판이 일자, 교권보호국 창설을 주도한 정계의 거물 최강석 교육부 장관이 앞장서 이런 비난을 막아 줍니다.

저 또한 성장 과정에서 학교 폭력의 피해자였던 경험이 있기 때문에, 두 작품에 나름 통쾌한 구석이 있다는 점을 부정할 생각은 없어요. 그런데도 몇 가지 꼭 짚고 넘어가야 할 것이 있습니다.

폭력적인 문화에 노출된 채 살아오며 얻은 분노와 콤플렉스 때문에 가해자가 된 청소년들을 다시 폭력으로 제압하는 것에 과연 훈육 효과가 있을까요? 더구나 폭력을 더 큰 폭력으로, 권력을 더 거대한 권력으로 제압하는 방식은 폭력과 권력 남용의 해악을 알려 주기보다, 오히려 무력 서열과 권력에 따른 위계질서를 더 강하게 설득하는 결과로 이어질 가능성이 큽니다. 주변에서 지켜보는 이들에게도 '선량한 폭력'이란 식의 낭만적 접근으로 힘의 논리를 더 단단하게 하는 결과를 낳고요. 힘의 논리를 버리게 하려면, 힘의 논리 자체를 제압하는 방법을 찾아내는 편이 맞을 거예요.

처벌을 강화하면
범죄가 줄어들까?

물론 폭력과 권력 남용에 폭력으로 맞대응하는 방식이 모든 상황에서 잘못된 거라고 말하긴 어려워요. 따지고 보면 '국가'라는 것 자체가 국민으로부터 위임받은 권위와 무력을 제한적으로 행사해 개인 간의 폭력과 범죄를 예방하고 치안을 책임지는 사례니까요.

하지만 국가가 담당하는 처벌 및 교정을, 앞서 두 작품이 보여 준 '폭력을 동원한 훈육'과 같은 선상에 놓고 논의할 수는 없습니다. 국가는 권력을 함부로 남용할 수 없도록 입법부·사법부·행정부가 서로 감시하고 견제하는 '삼권분립'이라는 안전장치를 갖췄고, 멋대로 무력을 행사할 수 없도록 근거 조항과 법령 등을 마련해 뒀잖아요. 그런데 〈경이로운 소문〉이나 〈참교육〉 같은 작품에 나타난 '폭력을 동원한 훈육'엔 이를 견제해 줄 만한 안전장치나 근거가 흐릿해요. 두 작품 모두 주인공이 지닌 선한 본성에 기댈 뿐이죠.

그렇다면 명확한 기준과 안전장치를 마련한 뒤에 처벌을 강화하면, 학교 폭력과 소년범죄가 줄어들까요? 이에 대한 답 가운데 하나로 『한국의 사회 동향 2019』(통계청 통계개발원)에 실린 「청소년 범죄 추이와 형사사법기관의 대응」(민수홍)을 살펴보죠. 이 보고서엔 1998~2017년의 '19세 형법 범죄자율' 그래프가 실려 있는데, 여기서 2008년 이후를 눈여겨볼 필요가 있어요. 왜냐하면 2007년 말 법무부가 소년법을 개정하며 당시 소년법 적용 상한 연령을 '20세 미만'에서 '19세 미만'으로 낮췄거든요. 따라서 2008년부터 19세 범죄자는 소년범으로 보호처분을 받는 게 아니라, 성인과 똑같이 형사처분의 대상이 되었죠. 처벌 기준이 강화됐으니 19세 형법 범죄자율은 감소했을까요?

그렇지 않습니다. 19세 형법 범죄자율은 2002년 급증한 뒤로 감소 추세를 보이다가, 2007년 소년법 개정 이후인 2008년부터 오히려 뚜렷하게 증가했습니다. 단순히 처벌을 강화한다고 해서 범죄가 예방되지 않는다는 점을 여실히 보여 주는 대목이죠.

'사이다' 해결책은
실재하지 않는다

드라마는 드라마로, 웹툰은 웹툰으로 보면 될 일이지, 왜 픽션의 세계에 간섭하냐고 생각하는 독자도 있을 듯해요. 더구나 이런 작품들이 인기를 끈다는 건 학교 폭력과 소년범죄에 대한 세간의 문제의식이 매우 절박하다는 뜻이잖아요. 작품을 보고 '오죽 답답했으면…' 하며 그 절박함에 공감하기보다 찜찜한 지점부터 지적하는 게 매몰차 보일지도 모르겠습니다.

하지만 온라인상에서 상당수 사람들이 학교 폭력 가해자들에 대해, 작품에서 묘사된 것과 같은 물리적 체벌과 강력한 처벌을 요구하고 있다는 점은 분명히 위험한 신호입니다. 그렇게 '쉽고 빠르며 속 시원한 대책'을 요구하는 목소리가 커질수록, 학교 폭력과 소년범죄 발생률을 낮추고 피해자를 보호하는 등의 구체적이고 실무적인 대책을 이야기할 공간은 오히려 줄어들 테니까요.

우리는 선량한 교사가 자기 권한을 남용하지 않고 재량껏 행사해 주기만을 기대하며 그에게 체벌할 권리를 부여하던 과거로는 다시 돌아갈 수 없어요. 답답하더라도, 지금 주어진 환경에서 더 나은 방향으로 나아가려면 어떻게 해야 할지 더 치열하게 고민해야 하죠. 이때 우리에게 필요한 건 '드라마는 드라마로, 웹툰은 웹툰으로' 보면서 픽션의 대리 만족을 실제 대안으로 혼동하지 않는 현명함일 겁니다.

평범하고 구체적인
나의 자리에서, ✳
다시 만난 세계

요즘 여러분은 어떤 TV 프로그램을 즐겨 보나요? 저는 SBS 〈꼬리에 꼬리를 무는 그날 이야기〉(2020~ , 이하 '〈꼬꼬무〉')를 챙겨 보는 낙으로 살고 있습니다. 코미디언 장도연, 아나운서 출신 방송인 장성규, 영화감독 장항준을 이야기꾼으로 앞세운 〈꼬꼬무〉는 한국 근현대사의 중요한 분기점이 된 역사적 순간을 다루는 시사 교양물이에요.

이렇게만 설명하면 그다지 재밌는 프로그램 같진 않죠? '근현대사', '분기점', '시사 교양' 같은 키워드가 마냥 흥미롭진 않으니까요. 그런데 〈꼬꼬무〉는 조금 다릅니다. 목요 예능의 최강자인 TV조선 〈사랑의 콜센타〉(2020~2021)와 동시간대에 방영되는 교양 프로그램인데도 시청률이 상당하거든요. 방송 내용을 요약한 유튜브 클립 버전도 평균 조회 수가 400만 회에 육박하고요.

신문사 기자, 합창단원 여고생, 스물다섯 아기 엄마의 자리에서

많은 이가 〈꼬꼬무〉의 인기 비결로 프로그램 특유의 포맷을 꼽습니다. 입담 좋기로 소문난 장항준, 정보 전달이 정확한 장성규, 연기력 좋은 장도연으로 이뤄진 세 명의 이야기꾼은 특이하게도 프로그램 내내 한 번도 서로를 만나지 않아요. 그 대신 세 사람은 각자 한 명씩 게스트를 앞에다 앉혀 놓고, 친한 친구와 수다 떨듯 반말로 역사 이야기를 들려줍니다.

같은 이야기일지라도 뉴스나 신문을 통해 접할 때보다 말맛 좋은 친구의 입담으로 바로 앞에서 들을 때 귀에 더 쏙쏙 들어오잖아요? 여럿이 모일 때보다 단둘일 때 좀 더 허심탄회한 분위기가 만들어지고요. 이야기꾼과 게스트가 일대일로 앉아서 얘기 나누는 〈꼬꼬무〉의 포맷 또한 이런 효과를 냅니다. 여섯 사람을 한자리에 모아서 다 함께 얘기 나누게 하는 대신, 세 명의 이야기꾼이 들려주는 에피소드와 세 명의 게스트가 보여 주는 반응을 속도감 있게 번갈아 편집해 자칫 무거울 수 있는 역사 이야기를 날렵하게 풀어내죠.

그런데 〈꼬꼬무〉의 인기 비결을 반말의 친근함이나 일대일 대

화의 편안함, 교차편집의 속도감으로만 볼 수 있을까요? 사실 〈꼬꼬무〉가 다룬 사건은 한국 근현대사에 관심 있는 사람이라면 이미 알 법한 것들입니다. 김대중 납치 사건(1973), 12·12 군사 반란(1979), 수지 김 간첩 조작 사건(1987), 지존파 사건(1993~1994) 등이 대표적이죠. 이 사건들은 드라마나 교양 프로그램, 다큐멘터리, 영화 등으로도 여러 차례 다뤄진 바 있어요.

이렇게 유명한 사건들을 소재로 하는데, 그저 형식만 새롭게 한다고 해서 이야기 자체가 확 신선해지긴 어려울 겁니다. 〈꼬꼬무〉가 생동감 있게 느껴지는 까닭은, 우리가 익히 아는 역사적 사건을 '생각지도 못한 인물의 관점'에서 풀어내기 때문이에요.

근현대사의 굵직한 사건을 설명할 때 우리는 대개 어떤 순서로 이야기를 전개할까요? 일단 사건의 이름부터 얘기하고 줄거리를 짚은 뒤에 중심 인물과 배경을 언급하는 식의 순서를 크게 벗어나지 않을 거예요. 1979년에 일어난 YH 사건을 얘기한다고 해 봅시다. 보통은 'YH 사건'이라는 명칭부터 먼저 말한 뒤에, 'YH무역에서 일하던 여성 노동자들이 사측의 일방적 폐업으로 직장을 잃게 되어 당시 신민당 당사에서 농성하다가 경찰기동대의 폭력적 진압으로 강제 연행된 사건'이라는 개요를 설명할 겁니다. 그다음엔 '어린 여성 노동자를 착취해 가며 만든 제품을 수출하여 호황을 누린 한국 경공업 산업'을 배경지식으로 제시하겠죠.

하지만 〈꼬꼬무〉는 전혀 다른 '자리'에서 YH 사건을 불러옵니다. 신문사에 근무하던 한 기자가 그날따라 밤늦게까지 회사로 돌아오지 않던 선배 기자를 찾으러 밖에 나왔다가, 서울 마포구 도화동의 신민당사 근처를 어슬렁거리는 의문의 남자들을 우연히 발견해 사진을 찍게 되는데요. 〈꼬꼬무〉는 《한국일보》 박태홍 기자의 이 에피소드에서 이야기를 시작합니다.

〈꼬꼬무〉는 한국 근현대사의 가장 중요한 순간들을 담아내는 프로그램이지만 사건 중심부가 아닌 주변부에 있는 '개인'의 시야에서 이야기를 시작합니다. 공식적인 기록에선 중요하게 다뤄지지 않는, 지나치기 쉬운 평범한 개인의 이야기로부터 말이죠.

또 다른 예로 육영수 저격 사건(1974)을 다룰 때 〈꼬꼬무〉는 대통령 암살 시도범 문세광이나 당시 영부인 육영수의 이야기로 시작하는 대신, 8월 15일 저격 당일 광복절 기념식장에서 노래하기로 예정돼 있던 합창단원인 성동여자실업고등학교(현재 성동글로벌경영고) 2학년 장봉화의 자리로 다가가요. 실미도 사건(1971) 또한 실미도 부대 창설의 직접적 이유가 된 1·21 사태(1968년 북한군이 청와대 기습을 목표로 서울에 침투한 사건)에서 출발하는 게 아니라, 실미도 부대원들이 탈취한 버스에 타고 있던 스물다섯 살 아기엄마의 시선에서 그리고요.

개인에 대한 공감으로
시대를 설명하다

역사적 인물들에겐 어쩔 수 없이 무게감이 실리게 마련입니다. 거대한 사건의 중심인물들은 명확한 목적의식과 방향성을 띠곤 해서 평범한 사람이 그에게 감정을 이입하기는 힘들죠. 또 한편으로는 선입견도 무시할 수 없어요. 역사적 평가를 거친 이들에겐 정체성을 정의하는 키워드가 곧잘 붙습니다. '민주투사', '운동권', '산업역군' 같은 말은 해당 인물의 이력을 함축적으로 암시해 주지만 동시에 일종의 선입견과 거리감을 갖게 하죠.

그렇다고 해서 '당대 대중'이나 '사회적 분위기' 같은 막연한 대상에 감정이입을 하기도 어려워요. 구체적으로 무엇을 지칭하는지 알기 힘든, 실체가 명확하지 않은 것이니까요. 뭔지도 잘 모르는데 마음이 가닿을 순 없는 법입니다.

하지만 하필 그날 그 자리에 있다가 거대한 사건을 목격하게 된 평범한 개인의 시선이라면, 감정이입은 한결 쉬워집니다. 10개월 된 아이를 안고서 집으로 가려고 버스에 탄 젊은 여성, 감감무소식인 선배를 찾으러 밤늦게 길을 나선 신문기자, 내가 노래하는 모습이 TV에 나올 것이란 기대감에 잔뜩 부푼 마음으로 광복절 아침을 맞이한 고등학생….

사람은 무의식중에 상대방과 나 사이의 공통점을 찾고 감정을 이입하려는 본능이 있어요. 마치 하늘에 떠가는 구름에서 사람 얼굴과 비슷한 모양을 찾으려 하고, 애완용 로봇이나 대화형 인공지능AI에 정서적 애착을 보이며 유대감을 형성하는 것처럼 말이죠. 그래서 나와 닮은 부분이 많은 상대가 구체적으로 눈앞에 제시되는 순간, 감정이입은 본능적으로 일어납니다. '당대 대중'이나 '사회적 분위기' 같은 말로 얼버무리지 않고, 보는 이가 더욱더 쉽게 감정을 이입할 수 있는 '구체적 개인'의 자리에서 이야기를 시작하는 〈꼬꼬무〉의 스토리텔링 방식은 익히 알고 있던 사건조차 새로운 각도로 바라보며 그 의미를 곱씹게 하는 힘을 발휘해요.

물론 '구체적 개인의 서사로 대중의 공감을 유발한다'는 전략 자체가 아주 새로운 건 아닙니다. TV는 구체적 개인의 서사를 굉장히 좋아하는 매체잖아요? 연예인이나 사회적 명사의 이야기를 듣는 '토크쇼', 독특한 사연을 지닌 개인의 삶을 다루는 '휴먼 다큐멘터리'는 TV가 꾸준히 사랑해 온 장르죠.

하지만 기존 토크쇼와 휴먼 다큐멘터리의 목적은 시청자에게 이야기의 '주인공'을 더 깊이 이해시키는 것이었어요. 이 사람의 삶이 얼마나 특별한지, 얼마나 대단한지를 설득하는 거죠. 반면에 〈꼬꼬무〉는 주변부 인물의 시야를 택함으로써 '평범한 사람이 체험한 그날의 사건이 어떤 의미를 지니는지'를 들려주려고 노력하죠. 구체적 개인을 이해하고자 하는 공감의 힘으로 시대를 설명하는 전략인 셈입니다.

'요즘 애들', '노인네들' ···
규정짓는 말들을 넘어

이처럼 가까운 거리에서 구체적 개인의 목소리를 듣는 장면으로 시작해 더 큰 그림으로 뻗어 나가는 〈꼬꼬무〉의 전략은 사실 온라인 공간에선 그리 낯선 방식이 아니에요. 패션 브랜드 ODG가 운영하는 동명의 유튜브 채널은, 2010년대생 어린이부터 1940년대생 노인에 이르는 다양한 패널에게 질문을 던지는 콘텐츠인 '페이스 인터뷰'를 선보이고 있습니다. "한국에서 가장 충격적이었던 사건은?", "가장 잘나가는 가수가 누구였어요?" 같은 질문에 대한 패널들의 대답을 가감 없이 담아낸 이 콘텐츠는 큰 반향을 일으켰어요. 막연히 '요즘 학생들'이나 '어르신들'이란 말로 축약된 요약본을 보는 게 아니라, 그들의 목소리를 직접 듣는 체험이 '이해'의 해상도를 높여 줬으니까요. 나와 비슷한 나이대인 패널 개인의 답변에 공감하면서 영상을 따라가다 보면 자연스레 시대 흐름에 따른 사회상의 변화를 확인하는 동시에, 세대 간의 공통점과 차이점을 가늠할 수 있게 됩니다.

서울 길거리에서 만난 평범한 시민들의 인생사나 관심사, 기쁨과 고민 같은 사연을 담아 SNS를 통해 발행하는 인터뷰 매체《휴먼스 오브 서울》의 콘텐츠 역시 비슷한 전략을 추구합니다. 읽는 데 3분 남짓 걸리는 짧은 게시물에 인터뷰이의 이야기를 충실히 담아내 독자의 깊은 공감을 끌어내죠. 이렇게 개개인의 속 깊은 이야기가 가득 담긴 게시물들은 SNS 피드 한자리에 모여 마치 모자이크처럼 오늘날의 서울 풍경을 재현하고요.

지금 한국 사회에서 벌어지는 수많은 갈등과 불화도 어쩌면 그와 같은 방식으로 풀어 나갈 수 있을지 모른다는 생각을 했습니다. 우리는 종종 상대방을 특정한 키워드로 규정지으며, 구체적으로 이해하려는 노력을 중단합니다. '저 사람은 전형적인 86세대야.', '요즘 **MZ세대**의 사고방식은 이해할 수 없어.', '남자라서….', '여자라서….', '누가 봐도 딱 ESTP네…' 하는 식으로요. 상대의 이야기를 구체적으로 들어 보려 노력하기보단, 재빨리 특정 집단의 일원으로 규정짓고 넘어가 버리는 거죠.

어느 정도는 어쩔 수 없을 겁니다. 우리는 그 어느 때보다 처리해야 할 정보도 많고 목소리 내는 사람도 많은 '초연결 시대'를 살아가니까요. 모든 사람의 목소리를 구체적으로 공들여 듣자면 한도 끝도 없을지 몰라요.

하지만 바쁘다는 이유로 상대방을 쉽사리 규정지어 넘기는 동안, 우리는 얼마나 많은 이해의 기회를 놓쳐 버린 걸까요? 우리가 조금만 속도를 줄여 상대의 이야기를 구체적으로 듣기 시작한다면 이전과는 전혀 새로운 방식으

MZ세대
1980~1994년생을 일컫는 'M세대(밀레니얼 세대)'와 1995~2004년생을 일컫는 'Z세대'를 합한 신조어. 2020년대 들어 사회적·경제적 연구 대상이 되는 경우가 많음.

로 서로를, 지금의 시대를 이해하게 될지도 모릅니다. 널리 알려진 역사 속 이야기를 신선한 관점으로 바라보는 데 성공한 〈꼬꼬무〉 처럼 말이죠.

2장

캐릭터

화면 속

$*$ 　　　　사람이

말을 걸어올 때

철이 없었죠,
아는 맛에 ✳
빠져들었다는 자체가…

"먹어 봤자 내가 아는 그 맛이다." 가수 옥주현의 다이어트 경험담을 통해 널리 알려진 말입니다. 그는 밤늦은 시각에 식탐이 도질 때면 이 말을 하며 자신을 달랬다고 해요. 어차피 뻔히 아는 맛이니 '반드시 지금 그 맛을 봐야 할 이유는 없다'는 의미겠죠. 한동안 수많은 다이어터에게 사랑받은 이 문장은, '먹방'의 시대가 펼쳐지자 "아는 맛이 제일 무섭다."(개그맨 유민상)라는 말로 반박당하며 자취를 감췄습니다.

일평생 요요 현상(체중 증가와 감소를 반복하는 일)에 시달려 온 사람으로서 말씀드리자면, 네, 아는 맛이 제일 무서운 법입니다. '뭔가를 먹고 싶어 할 때'를 한번 생각해 보세요. 사실 '한 번도 먹어 본 적 없는 음식이라 너무 궁금해서' 먹고 싶은 경우는 그리 많지 않아요. 익히 알고 있어서 눈을 감으면 입안에 침이 돌며 그 맛을 상상하게 되는 음식을 우리는 더더욱 강렬히 욕망하곤 하죠.

'어디서 봤더라?' 머릿속이 간질간질한 '아는 맛'의 세계

이러한 '아는 맛'의 위력은 음식에만 적용되는 건 아닙니다. 우리가 일상생활에서 누리고 즐기는 대부분의 오락거리가 '아는 맛'일 때 더 크게 사랑받거든요. 대중문화 콘텐츠도 마찬가지입니다. 우리는 늘 참신한 콘텐츠를 원한다고 이야기하지만, 그저 새롭기만 한 콘텐츠가 대중의 사랑을 받은 사례는 찾기 어려워요.

최근 몇 년간 혜성처럼 등장해 사람들의 사랑을 받은 TV 콘텐츠를 머릿속에 떠올려 보세요. 그 가운데서 정말로 새로운 것은 얼마나 되는지를 한번 따져 보면, 결과가 아주 재밌을 겁니다. 대개 익숙하고 흔한 아이템이나 장르를 아주 조금씩 비틀었을 뿐일 테니까요.

'트로트'라는 익숙한 아이템을 '아이돌 오디션 프로그램' 형식으로 풀어낸 TV조선의 〈내일은 미스트롯〉(2019~2021)과 〈내일은 미스터트롯〉(2020) 시리즈, '아이돌 오디션'이라는 뻔한 장르를 '학원물 성장 서사'의 정서로 재해석한 Mnet의 〈PRODUCE 101〉(2016~2019) 시리즈가 대표적인 사례일 거예요. 익히 아는 맛이 시청자의 공감을 자아내 호감을 불러일으킬 때, 비로소 새로운 시도도 빛을 발하는 법이죠.

최근 들어 유튜브에서 크게 인기를 끄는 콘텐츠 또한, 어쩌면 아는 맛이라서 더 사랑받는 것인지도 모릅니다. 그중 〈피식대학〉이 선보인 콘텐츠 'B대면데이트'를 살펴볼까요? 'B대면데이트'는 영상통화로 소개팅하는 상황을 가정한 상황극입니다. 그런데 영상통화로 만나게 되는 남자들의 상태가 모두 어딘가 이상해요. 목적이 소개팅이 아니라 고객 유치에 있다는 게 너무 분명해 보이는 '다단계' 회사 직원, 시종일관 콧물을 들이마시며 껄렁거리는 말투로 '맛있는 것 사 줄 테니 집 주소를 알려 달라'고 들이대는 중고차 판매원, 툭하면 있어 보이는 척 허세 섞인 말을 던지는 연하의 래퍼…. 『이런 사람은 만나면 안 된다』라는 책이 있다면 바로 이들에 관한 내용일 듯합니다. 하지만 이상하게도 사람들은 도리질을 치면서 계속 'B대면데이트'를 보고 또 봐요. 참으로 신기한 일입니다.

'B대면데이트'의 등장인물 가운데 가장 많은 이의 사랑을 받는 캐릭터는, 단연 서른다섯 살의 카페 사장 '최준'이에요. 개그맨 김해준이 연기하는 최준은 꿈에 나올까 두려운 쉼표 모양 머리를 하고선 부담스러운 눈빛으로 카메라를 쳐다보며 느끼한 말을 부끄러운 줄도 모르고 해 댑니다. 에티오피아에 유학을 다녀왔다는 이야기를 꺼내면서 "철이 없었죠, 커피가 좋아서 유학을 했다는 자체가…."라고 말할 때부터 뭔가 크게 잘못됐다는 인상을 지울 수 없어요. 그가 코맹맹이 소리로 적재의 〈별 보러 가자〉(2017)를 불렀을 때 한 시청자는 '피글렛 꼬리 밟히는 소리' 같다는 평을 남겼죠.

하지만 사람들은 기꺼이 '준며들었다'(최'준'에 스'며들었다')는 고백을 쏟아 냅니다. 최준이란 캐릭터 자체가 매력적이어서 그런 걸까요? 에이, 설마요. 최준에게 열광하는 사람들도 현실 세계에서 최준 같은 사람을 소개받으면 '소개팅 주선자가 나한테 뭔가 억하심정이 있나?' 하고 의심부터 할 텐데 말이에요.

최준이 사랑받는 까닭은, 아마도 이 캐릭터가 '아는 맛'을 굉장히 해상도 높게 재현한 덕분일 겁니다. 우리는 '멋진 나'라는 상에 도취해 살아가는 사람들을 한 번쯤 접한 기억이 있어요. 그들은 학원 선생님일 수도 있고, 집에서 노는 삼촌일 수도 있고, 초등학생 때는 안 저랬던 것 같은데 그간 뭔 일을 겪은 건지 고등학생이 되어 다시 만나니 이상하게 변해 버린 친구일 수도 있죠.

최준은 그런 이들을 마주하고 진저리치던 우리의 기억을 자극합니다. 최준을 볼 때면 머릿속 어딘가가 자꾸 간지럽지 않나요? '나도 저런 사람 본 적 있는 것 같은데?' 하고 옛 기억이 스쳐 지나가며 간지러워지는 그 부분을 최준은 시원하게 벅벅 긁어 줍니다. 다시 말해 사람들은 최준이 난생처음 접하는 새롭고 참신한 캐릭터라서 좋아하는 게 아니에요. 기억 어딘가에 파묻어 둔 '자아도취남'의 이미지를 극사실주의로 재현한 캐릭터라 좋아하는 겁니다.

다른 채널도 잠깐 둘러볼까요? 유튜브 채널 〈빠더너스〉의 주력

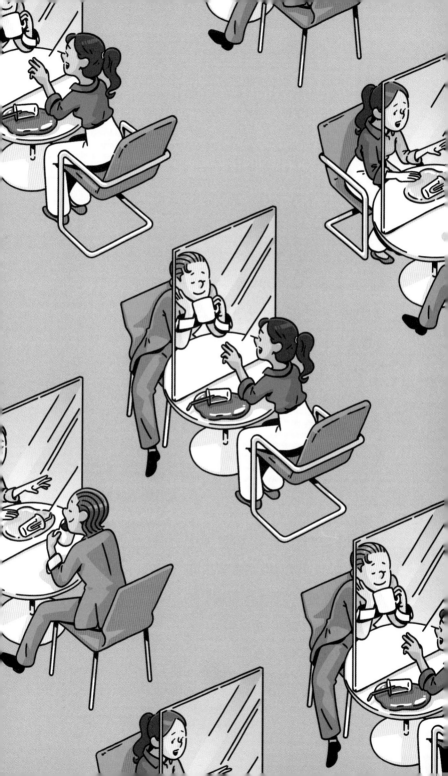

콘텐츠 '한국지리 일타강사 문쌤'은, 볼 때마다 내가 지금 보고 있는 게 인터넷 강의인지 유튜브 코미디인지 헷갈릴 만큼 높은 완성도를 자랑합니다. "이거 중요한 내용이라고 내가 몇 번을 강조했는지 알아?" 하며 학생들을 다그치는 말투부터 열성적으로 칠판에 필기하며 "이런 거 다른 곳에서 아무도 안 알려 줬을 거야."라고 말하는 비법 전수의 순간까지, 정말 '인강'을 보고 있는 것만 같은 착각을 불러일으키죠. 물론 그런 말투로 열심히 전수해 주는 내용은 한국지리 지식이 아니라 '세뱃돈 네 배로 받는 전략' 같은 온갖 잡다한 팁이라는 차이가 있지만요.

개그우먼 강유미가 운영하는 〈좋아서 하는 채널〉의 인기 콘텐츠 'ASMR 롤플레이'도 전략이 비슷합니다. '들으면 기분 좋아지는 사운드'를 표방하는 다른 **ASMR**과 달리, 강유미가 선보이는 콘텐츠는 들을 때마다 소름 끼치는 매력을 자랑하죠. 강유미는 에피소드마다 각기 다른 직군에 종사하는 캐릭터를 연기하며 일인극을 펼치는데, 그가 시청자의 귓전에 속삭이는 내용은 당혹스러울 정도로 익숙한 것들입니다. '도를 아십니까 롤플레이' 영상에서 초점 잃은 눈빛으로 '차크라 안에 기운이 갇혀 계시는데, 조상님께 정성을 들이면 그 기운을 풀 수 있다' 운

ASMR

자율 감각 쾌락 반응Autonomous Sensory Meridian Response의 줄임말. 주로 청각 자극에 반응하여 나타나는 심리적 안정감이나 쾌감 등의 감각적 경험을 일컬음. 과학적 연구나 근거는 부족하지만, 2010년대 말부터 유튜브를 중심으로 한 상업적 콘텐츠로 급부상함.

운하는 사이비 종교인의 목소리처럼요.

배신당할 염려가 없어 안전한
'그럴싸한 가짜'들

우리가 직접 접했거나 혹은 들어서 익히 알고 있는 사람들의 어떤 면모를 극한의 수준까지 끌어올려 고해상도로 선보이는 극사실주의 '아는 맛' 전략은, 최근 들어 더욱 열광적인 지지를 얻고 있어요. 물론 '최준'이나 '문쌤' 등 성공적인 캐릭터가 등장하며 덩달아 비슷한 계열의 유튜브 코미디가 주목받은 면도 있겠지만, 애초에 이런 캐릭터들이 새삼 인기를 끌게 된 까닭은 무엇일까요?

여기엔 여러 가지 원인이 있겠습니다만, 아는 맛 전략의 캐릭터가 등장해 각광받기 시작한 시점을 가장 먼저 눈여겨봐야 해요. 그 시기는 리얼리티를 앞세운 관찰 예능의 조작 논란이나 프로그램 안팎에서 터진 각종 스캔들로 인해 대중의 피로감이 극에 달한 때와 일치합니다.

사실 리얼리티 관찰 예능이 인기를 끌면서 대세가 된 이유 또한 '공감' 때문이었어요. 유명인은 혼자 집에 있을 때 뭘 하고 노는지, 아이는 어떻게 키우며 직장 동료와는 어떻게 일하는지 등을 살펴보면서 시청자가 쉽게 공감하고 동질감을 느끼며 몰입할 수 있다는 것이 이런 장르의 주된 전략이었습니다.

하지만 바로 그 공감이란 전략 때문에, 관찰 예능은 시작부터 진실성 여부를 끊임없이 의심받아 온 장르이기도 해요. '시청자의 공감을 사기 위해 출연자들이 카메라 앞에서 가식적으로 행동하며 고도의 연기를 펼치고 있는 건 아닐까?' 하는 의심 말이죠. 의심하는 것도 무리는 아니에요. 카메라가 돌고 있는데 전혀 신경 쓰지 않고 평상시처럼 행동할 수 있는 사람은 많지 않으니까요. 이미지 자체가 자산인 유명인일수록 더더욱 그럴 테고요.

사람들은 그 의심들이 사실로 드러날 때마다 극도의 피로감을 느낍니다. 카메라 앞에선 자상하고 상냥한 척하던 유명인이 알고 보니 갑질을 일삼는 사람이었다거나, 재력가라고 화제를 모았던 출연자의 일상이 전부 조작됐다는 증거가 나올 때마다 시청자들은 배신감에 사로잡히죠.

이에 비하면 'B대면데이트'나 '한국지리 일타강사 문쌤', 'ASMR 롤플레이'처럼 가상인 것이 명확한 콘텐츠들은 상대적으로 안전한 셈입니다. 시청자들이 익히 알고 있는 '아는 맛'을 가장 극대화한 형태로 제공해 쉬운 공감과 몰입을 유도하면서도, 그와 동시에 이 모든 게 고도의 콘셉트라는 점을 밝히고 진행되는 콘텐츠이기에 나중에 스트레스 받을 일이 없어요. 화면 속의 존재가 실존 인물이 아닌 가상의 캐릭터라는 사실을 알기에, 좋아하는 사람이나 진저리치며 싫어하는 사람 모두 안전하게 거리를 둘 수 있고요. 어느덧 의심스러운 진짜보다, 가짜임을 누구나 아는 '그럴싸한 가짜'를 더 편하게 느끼는 시대가 된 거예요.

이런 극사실주의 '아는 맛' 전략은 언제까지 통할까요? 글쎄요, 확답하긴 어렵습니다. 유행이 다 그렇듯, 익숙해지고 비슷한 것이 많아질수록 처음의 신선함을 잃고 쇠락하게 마련이니까요. 특히 3~6개월 단위로 유행이 바뀌는 유튜브에선 더더욱 그렇죠.

다만 한 가지는 확실한 것 같아요. 그럴싸한 가짜의 세계 다음으로 우리에게 도착할 유행은 분명 '극사실주의 아는 맛에 대한 피로감'이 누적된 결과물일 것이라는 점이요. 지금의 아는 맛 전략이 리얼리티 관찰 예능에 대한 대중의 불신과 피로감에 힘입어 주목받게 된 것처럼 말입니다.

범인이 모범생이었단 게 중요해?

잠시 여러분이 폭력의 피해자가 됐다고 가정해 봅시다. 어두운 밤길을 걷다가 복면 쓴 사람에게 두들겨 맞고, 심지어 갖고 있던 가방도 빼앗겼다고 말이죠. 여러분은 억울한 마음에 경찰을 찾아가 피해를 호소했습니다. 그리고 오랜 수사 끝에 마침내 범인이 잡혔다는 소식을 들었어요. 이제 당연히 범인을 어떻게 처벌할지, 여러분이 당한 피해는 어떻게 보상받을지에 관한 이야기가 나와야겠죠? 앞으로 비슷한 범죄가 다신 일어나지 않도록, 어두운 골목길에 가로등과 방범용 CCTV를 추가로 설치하자거나 순찰을 강화하자는 제안도 나올 수 있겠고요.

하지만 이상하게도 여러분이 입은 피해를 누가 어떻게 보상할 것인가에 관한 얘기는 온데간데없고, 대신 온 동네 사람이 모여 '범인이 평상시에 어떤 사람이었는지'에 대해서만 떠들기 시작합니다.

"그 청년 그렇게 안 봤는데, 조기축구회에도 나오고 골목 청소도 열심히 하는 성실한 사람 아니었어?"

"아니 글쎄, 전에는 학교 폭력 예방 캠페인 한다며 서명도 받으러 다니고 그랬잖아."

"세상에 믿을 사람 하나 없네."

사건의 본질은 사라진 채로, 범인이 얼마나 교묘하게 '두 얼굴'을 유지했는가에 대한 가십gossip만 무성하다고 생각해 보세요. 이 사태를 통해 대체 누가 득을 보는 걸까요?

그의 학점이 궁금하다고, 아무도 말하지 않았다

무슨 이야기를 하려는 거냐고요? '집단 성착취 영상 거래 사건'의 주요 피의자인 조주빈(닉네임 '박사')을 다루는 한국 언론의 태도가 딱 그랬습니다. 일명 'N번방 사건'으로 알려진 '집단 성착취 영상 거래 사건'에 대해 들어 봤나요? 2018년 하반기부터 2020년 3월까지, 여러 메신저 앱을 통해 피해자들을 협박하여 성착취물을 촬영하게 하고 이것을 유포한 성범죄를 말합니다. 2020년 3월에 조주빈의 신상이 공개된 뒤, 언론은 조주빈이 평상시에 어떤 사람이었는지 집요하게 파고들었어요. 그가 대학을 다니던 시절에 학점이 우수했고 학보사 활동을 열심히 하며 편집국장까지 역임했다[1]거나, 자원봉사 단체에 가입해 보육원과 장애인 복지시설 등에서 봉사 활동을 했다[2]는 내용이 기사로 나왔죠. 심지어 과거 '네이버 지식iN'에서 질문에 답변하는 활동을 하던 조주빈이, '성추행을 당했다'는 질문자에게 '믿을 만한 선생님이나 부모님께 말씀드리라'고 조언했다[3]는 일화까지 경쟁적으로 취재해 보도했고요.

이미 첫 단추부터 잘못 끼워져 있었습니다. 경찰이 신상 공개 여부를 결정하기 하루 전에 〈SBS 8 뉴스〉에서 단독으로 조주빈의 신상을 공개했거든요. 뉴스 앵커는 공개 이유를 "추가 피해를 막고 또 아직 드러나지 않은 범죄를 찾아 수사에 도움을 주자는 차원에서, 그리고 국민의 알 권리를 위해"라고 설명했죠.

하지만 이어진 보도 내용은 의문을 자아내기에 충분했어요. 조씨가 정보통신을 전공했지만 글쓰기를 좋아해 학내 독후감 대회에서 1등을 차지했고, 세 학기 평균 학점이 4.0을 넘을 정도로 성적이 좋아 장학금도 여러 차례 탔으며, 어디서나 볼 수 있을 법한 조용한 아이였다는 얘기로 가득한 보도는 어떻게 봐도 수사에 도움 될 만한 내용은 아니었거든요. SBS 측은 엉뚱한 사람이 '박사'로 잘못 지목돼 온라인상에서 피해를 보는 상황을 막아야 했다고 주장했지만, 정말 이게 목적이었다면 조주빈의 '행실'을 제외하고 얼굴, 이름, 나이만 공개해도 충분했겠죠.

언론이 범죄 피의자의 평소 행실에 집중하는 까닭은 무엇일까

요? 표면적으로 내세우는 이유는 '범죄의 기저 원인을 파악하여 범죄를 예방하기 위함'입니다. 그 누구도 날 때부터 범죄자는 아니니까요. 우리는 자라면서 사회적·경제적 요인의 영향을 받게 됩니다. 범죄자가 성장 과정에서 경험한 어떤 사건이 범죄를 부추기는 요인이 됐다면, 이와 같은 사건을 방지하기 위해 사회적으로 노력을 기울일 필요가 있겠죠.

실제로 이러한 분석이 범죄 예방 목적으로 활용되고 있어요. 긍정적 롤모델이 없는 탓에 청소년이 범죄로 빠져드는 일을 막고자 '후견인 제도'를 확충한다거나, 빈곤층이 생계가 어려워 저지르는 범죄를 막기 위해 복지 프로그램을 강화하는 정책 등이 좋은 예가 되겠네요.

범죄 원인을 이해하는 것과
범죄자를 옹호하는 건 엄연히 다른 일

이러한 접근 방식은 꽤 오래전부터 이어져 왔습니다. 거슬러 올라가면 『성경』에 인류 최초의 살인으로 기록된 카인과 아벨 형제 서사나 그리스신화에서 아버지가 자식들을 잡아먹은 크로노스 이야기 등에서도 인간이 악행을 저지르는 이유에 관해 비교적 상세히 서술하고 있어요. 카인은 절대자인 신이 자신보다 동생 아벨을 더 사랑한다는 질투심에 휩싸여 살인을 저질렀죠. 어머니 가이아를 배신하고 우두머리가 된 크로노스는 '너 또한 나처럼 자식에게 배신당할 것'이라는 가이아의 저주가 두려웠던 탓에, 자식들이 태어나자마자 죄다 삼켜 버렸습니다.

이렇듯 '형제 살해'와 '비속 살해'(부모가 자녀를 살해하는 것)라는 패륜을 설명하고자, 인류는 공들여 범죄자의 심리를 상상해 이를 기록으로 남겼어요. 인간이 범죄를 저지르게 하는 심리가 무엇인지 파악하고, 사회규범으로 조율하든 종교적 규율로 죄악시하든 그 심리를 틀어막는 게 목적이었던 거죠.

범죄자가 처한 상황을 분석해 이들의 심리를 이해하려는 노력은 픽션의 세계에서도 계속됐습니다. 미국의 범죄 수사 드라마 시리즈 〈크리미널 마인드〉(2005~2020)처럼 범인의 심리에 천착하는 수사물이나, '악인은 어떻게 만들어지는가?'를 주제로 다룬 캐릭터 연구 영화 〈조커〉(2019) 같은 작품들은 강력범죄 뒤에 도사린 인간의 심리를 설명하고, 그 기저 요인을 분석해 나름의 답을 제시했어요.

실존 인물을 다룬 미국의 미니시리즈 〈맨헌트: 유나바머〉(2017) 역시 눈여겨볼 만합니다. 천재 수학자로 촉망받던 시어도어 카진스키(폴 베터니 분)가 어쩌다 폭탄 테러범 '유나바머'UNABOMBER(UNiversity and Airline BOMBER의 약자)가 되었는지를 설명하거든요. 또래보다 우수한 학업성취도 때문에 지나치게 빠른 속도로 월반하면서 사회성을 기를 기회를 얻지 못한 카진스키

77

가 CIA의 비밀 실험인 'MK-ULTRA'의 희생양이 되어 수년간 심리적 학대를 당하는 장면을 보면, 마음이 착잡해지게 마련이죠.

하지만 이렇게 범죄의 사회적·경제적 요인을 분석하고 우리 사회의 책임을 고찰하는 일은, 종종 범죄자들에게 면죄부를 발급하는 행위로 변질되기도 해요. 〈맨헌트: 유나바머〉 속 카진스키가 당한 일은 비극적이지만, 그렇다고 해서 불특정 다수를 향해 이 분노를 폭력적인 방식으로 해소하려 한 것이 정당화되진 않습니다. 〈조커〉에서 가난과 정신 질환에 시달리던 청년 아서 플렉(호아킨 피닉스 분)이 악당 조커로 '각성'하는 장면을 두고도 말이 많았죠. 플렉은 지하철에서 술 취한 금융권 직원들에게 집단 폭행을 당하다 반격하며 총을 쏘게 되는데요. 이때 플렉이 쏜 첫 번째 총알은 자신을 지키기 위한 일종의 정당방위로 해석될 수도 있어요. 그러나 겁에 질려 도망가는 비무장 상태의 남자를 악착같이 쫓아가 등 뒤에서 쏜 시점부터, 플렉은 스스로 내린 결정을 책임져야 합니다.

우리는 종종 등장인물을 둘러싼 불행에 감정을 이입하느라, 이들이 저지른 명백한 범죄에 책임을 물어야 한다는 사실을 잊어버리기도 합니다. 범죄 요인을 더 잘 이해하려는 노력이, 어느새 범죄자에게 연민을 느끼고 그들을 옹호하는 방향으로 변질되는 거예요.

조주빈을 다룬 대중매체의 태도에도 이와 비슷한 구석이 있어요. SBS 〈그것이 알고 싶다〉는 조주빈 친구의 말을 빌려 '그가 어릴 때 찢어지게 가난했던 탓에 금전적 욕망이 컸고, 부모의 이혼 이후 아버지에게 맞고 자라면서 생긴 어머니에 대한 혐오가 여성 혐오로 이어졌을 것'이라는 추측을 여과 없이 들려줬습니다. 평상시에는 여성에게 말을 거는 것조차 어려워했다는 이야기까지 나왔죠.[4]

그런데 조주빈이 학대는 아버지에게 당해 놓고 혐오는 왜 어머니에게로 돌렸는지는 분석되지 않았어요. 분명 여성 중에도 찢어지게 가난한 환경에서 맞고 자라며 혐오를 간직한 이가 있을 텐데, 왜 그들은 조주빈처럼 거대한 규모의 범죄로 나아가지 않았는지에 관한 분석도 없었고요. 결국 '불우한 가정환경'이 왜곡된 도덕관념을 낳았다는, 엉성한 인과관계만 주장하는 데 그쳤습니다.

정말로 범죄의 기저 원인을 분석해 또 다른 범죄를 예방하려는 목적이었다면, 언론과 대중매체는 이런 부분들을 더 중점적으로 짚었어야 해요. 여성의 성[性]을 돈으로 거래할 수 있는 상품으로 취급하는 '오래된 성착취 문화', 타인의 사생활을 침해하며 강압과 착취를 통해 제작된 영상물조차 콘텐츠로 인식해 소비하는 '미디어 리터러시의 부재', 성욕과 지배욕을 혼동하고 섹스와 폭력을 분간하지 못하는 걸 남성의 자연스러운 욕구라 말하는 '폭력적인 성관념', 그리고 성범죄가 반복되는데도 제대로 된 처벌과 재발 방지책 마련에 힘쓰지 않는 '한국 사회의 안일함' 같은 부분들 말이죠.

'두 얼굴의 악마' 운운할 때에
빠지는 함정

그러나 언론과 대중매체는 이처럼 사회구조적 측면의 기저 원인을 다루기보단, 자꾸 범죄 피의자들이 평상시에 어떤 행실을 하고 다녔는지를 강조합니다. 조주빈의 공범으로 지목된 닉네임 '부따'(강훈)에 관해 다루는 기사에서는 그가 평소에 모범생이었단 걸 힘주어 강조했어요. '학생회장단 선거에 나갔을 때 장난기가 많고 유머 있는 모습으로 인기를 얻어 전교 부회장에 선출됐다'거나 '교내 프로그램 경진 대회 수상을 계기로 프로그래머가 되겠다는 꿈을 품었고, 중학생 때 대기업 멘토링 기획에 지원해 선발되기도 했다'[5]는 이야기를 후배의 말까지 인용해 장황하게 늘어놓았습니다.

이렇게 사태의 본질과 상관없는 개인 행적에 집중하는 접근은 크게 두 가지 방향으로 작용해요. 첫째는 '두 얼굴의 악마' 같은 악인 이미지를 강조함으로써 대중의 공포를 자극하고, 그 점을 이용해 온라인 기사의 클릭 수, 즉 수익을 올리는 방향이에요. 둘째는 '저렇게 앞날이 창창했던 사람이니 범죄를 저지른 데는 다 이유가 있을 테고, 그가 진심으로 반성한다면 사회에서 제 역할을 할 기회를 주면 어떨까?' 하는 면죄부의 방향이고요.

현재 한국의 디지털 성범죄 처벌률은 심각할 정도로 낮습니다. 한 국선변호인에 따르면 "불법촬영 성범죄로 처벌을 받으면 20년

동안 신상정보가 공개되기 때문에 '사진 촬영 한 번으로 남자 인생 망칠 수 없다'며 아예 기소를 안 하는 경우도 있었다."[6]라고 해요. '두 얼굴의 악마' 운운하며 범죄자에 대한 자극적인 가십거리를 소비하는 동안, 무의식중에 성범죄자에게 연민과 동정을 품게 될 수도 있다는 거죠.

언론과 대중매체 종사자들이 나서서 범죄를 이런 태도로 대하는 접근법을 지양해야겠지만, 여태껏 해 온 방식이 하루아침에 바뀌진 않을 듯싶습니다. 그렇다면 언론과 대중매체를 소비하는 우리부터라도, 본질과 무관한 가십에 정신이 팔리고 범죄자에게 감정을 이입하는 '함정'을 피하는 연습을 해 두면 좋지 않을까요?

글 첫머리에서 든 예로 다시 돌아가자면, 우리는 '범인이 평상시에 성실했네, 어쨌네 저쨌네.' 하고 떠드는 동네 사람들의 면전에 똑바로 말할 수 있어야 합니다.

"뭐예요. 일단 내 가방부터 돌려줘요."

1. 신민재 기자, 「"'박사방' 운영자 조주빈, 전문대 다닐 때 평점 4.17 우등생"」, 《연합뉴스》, 2020년 3월 24일 자.
2. 이영빈 기자, 「장애인 돕던 오빠가 'n번방' 그놈이었다」, 《조선일보》, 2020년 3월 24일 자.
3. 이세중 기자, 「'박사방' 조주빈은 장애인 돕던 봉사 단체 팀장이었다」, 《KBS 뉴스 취재K》, 2020년 3월 24일 자.

4. SBS 〈그것이 알고 싶다〉, "은밀한 초대 뒤에 숨은 괴물 – 텔레그램 '박사'는 누구인가", 2020년 3월 28일 방송.

5. 권선미 기자, 「IT 꿈나무였던 '박사방' 공범 … "학생회 간부 활동한 모범생"」, 《연합뉴스》, 2020년 4월 4일 자.

6. 김완·오연서 기자, 「2%도 안 되는 디지털 성범죄 구속률 … "남자 인생 망칠 수 없다며 기소 안 해"」, 《한겨레》, 2020년 4월 7일 자.

'보편성'과
'특수성'을 ✳
다 잡을 수는 없을까?

'하드보일드'hard-boiled라는 장르를 아시나요? 형사나 탐정을 주인공으로 내세워 세상의 어둡고 비정한 면모를 냉정하고 단호한 어조로 묘사하는 범죄 수사물을 말합니다. 20세기 초중반 미국을 중심으로 크게 부흥한 소설 장르에서 출발했죠. 끔찍한 사건을 겪은 이들이 수사를 의뢰하면, 좀처럼 속내를 드러내지 않는 주인공 형사가 냉철한 눈으로 사건의 진실을 파헤치며 세상의 추악한 일면을 담담하게 묘사하는 전개! 이런 스토리라인의 작품을 접한 적이 있다면 여러분도 이미 하드보일드 장르를 경험한 겁니다.

보통 그런 작품의 주인공들이 공유하는 특징이 있어요. 불행하고 어두운 과거 탓에 일에만 몰두한 나머지 지금은 자기 삶이라 할 만한 게 별로 남지 않은 일중독자 남성 형사로, 감정 표현이나 개인사에 대한 언급을 거의 하지 않고 과묵하게 일만 열심히 할 뿐이죠. 가끔 과거의 아픈 기억들이 엄습해 괴로워할 때도 있지만, 이런 모습은 되도록 주변에 보여 주지 않는 편이고요. 수사를 의뢰하는 사람은 주로 여성이고 그와 짝을 이뤄 함께 사건을 추적하는데, 파트너가 위험에 처할 때면 형사는 몸을 날려 악당을 제압합니다. 하지만 주인공과 파트너가 행복하게 맺어지면서 끝나는 경우는 별로 없어요. 누군가와 연애를 시작하기에는 우리 주인공의 마음이 너무 황폐하고 지친 상태니까요.

하드보일드의 주인공 형사가
여성이라면?

2020년 상반기 우리나라에서 방영한 TV 드라마 중에 전통적인 하드보일드 형사물의 공식을 고스란히 따르는 작품이 있었습니다. 어린 시절 친구를 연쇄살인마의 손에 잃고 19년 동안 오로지 자기 손으로 진범을 잡겠다는 생각 하나로 살아온 형사가 주인공이었죠. 그는 자신과 친하게 지내던 소년이 의문의 사고를 당하자 이게 마지막 사건이란 마음가짐으로 이 악물고 진실을 추적합니다. 소년이 다니는 중학교 담임선생님과 함께 사건을 수사하는 동안 우리의 주인공은 더 거대한 비리를 발견하고, 소년의 담임선생님에게서 연정을 받기도 하며, 끝내 범인을 잡아 조금이나마 마음의 평화를 얻는다는 줄거리의 본격 미스터리 수사물이에요.

바로 SBS 드라마 〈아무도 모른다〉(2020)의 이야기인데요. 흠잡을 구석 하나 없이 정통 하드보일드 수사물의 장르 구조를 고스란히 지닌 작품이었어요. 특이한 것은 우리의 고독하고 과묵한 일중독 형사가, 남자가 아니라 여자였다는 점입니다. 오랜 시간 연기력에 비해 저평가되었다가 JTBC 드라마 〈SKY 캐슬〉(2018~2019)로 전성기를 맞이한 배우 김서형이 주인공이었죠. 그는 트렌치코트 자락을 휘날리면서 화려한 액션과 카리스마로 범죄를 수사하는 서울지방경찰청 광역수사대 강력1팀장 차영진으로 열연했습니다.

하드보일드 형사들에게 명예의 전당이 있다면 영진도 거기에 당당히 이름을 올릴 수 있을 거예요. 집 베란다에 온실을 방불케 하는 수준으로 화초를 가꾸고 있다는 점을 제외하면, 영진은 자기 삶이라고 할 만한 게 없을 정도로 일에만 헌신해 온 고독한 인물입니다. 따뜻한 속내가 없진 않은데, 이런 면모는 주로 아랫집 소년 고은호(안지호 분)에게만 보여 줬고요.

진실을 파헤치는 데 몰두한 나머지, 자신을 졸졸 따라다니며 함께 사건을 수사하는 은호의 담임 이선우(류덕환 분)가 자기를 좋아한다는 사실도 잘 몰라요. 선우가 악당의 손에 당할 위기에 처하자 영진이 짠 하고 등장해 화려한 발차기로 악당을 제압하죠. 그러니 안 반할 수가 있나요? 하지만 영진은 수사하기에 바빠서 상대가 자기에게 반한 것도 눈치 못 채요.

보통 이런 하드보일드 영웅 캐릭터는 남성이 맡아 왔습니다. 생각해 보면 과묵한 일중독자 형사 역할이 반드시 남성의 전유물이어야 할 이유는 없어요. 하드보일드 장르가 생겨난 20세기 초반에야 실제로 여자 형사나 탐정이 그리 많지 않다는 핑계가 있었겠지만, 이젠 그럴 이유도 없잖아요?

사실 이런 장르물에서 남자들은 특별한 사정 없이도 주인공이 되곤 하지만, 여자들은 주인공이 반드시 여성이어야만 하는 이유가 있지 않는 한 좀처럼 주인공이 될 수 없었어요. 남성을 '보편적인 인간형'으로 보면서 여성은 '여성의 특수성'에 국한해 바라보는 오랜 고정관념의 결과죠. 그런데 〈아무도 모른다〉를 통해 김서형은 남성의 전유물로 여겨져 온 장르의 보편적인 영웅 역할을 여성도 멋지게 해낼 수 있다는 사실을 근사하게 증명했어요.

보편성을 잡으려니 특수성을 놓치고, 특수성을 잡으려니 보편성을 놓치고

저처럼 환호하며 시청한 사람만 있는 건 아닌가 봅니다. 소셜미디어 반응을 보면 '여성 영웅이 등장하는 여성 서사라 해서 잔뜩 기대하고 봤는데 크게 실망했다'는 분도 적잖이 있더라고요. 정통 하드보일드 형사 역할에 여성 배우가 캐스팅되어 장르 자체가 지닌 가능성의 폭을 확장했다는 점에 환호하는 저 같은 사람도 있지만, 주인공만 여성일 뿐 전체 스토리라인에서 여성에 관한 이야기가 많지 않다는 점에 실망한 분도 존재하는 거죠.

이해가 갑니다. 하드보일드 형사물임을 고려하더라도 영진에게는 얽힌 서사가 많지 않은 편이거든요. 한편 우리의 고독한 주인공과 엮이는 남자 등장인물들에겐 복잡한 서사가 부여되고요. 선우에게는 과거 자신이 믿어 주지 않았던 제자가 끝내 학교를 떠나 버린 아픈 기억과 가족을 둘러싼 비밀이 있죠. 남성 악역에게도 불행했던 과거와 복잡하게 꾸며 둔 음모, 주변인들을 둘러싼 애증 관계와 뱀처럼 도사린 인정 욕구가 있습니다.

아쉬움을 토로하는 사람들에게 이 작품은 주인공 성별이 여성일 뿐, 결국 세상에 들려줄 복잡한 속내와 숨겨진 진실의 이야기는 여전히 남성들의 몫이라고 느껴진 겁니다. 저에겐 '남성이 맡아도 됐을 캐릭터를 여성이 맡으면서 장르의 가능성을 확장했다'는 점이 〈아무도 모른다〉의 매력 포인트였지만, 어떤 사람들은 바로 같은 이유로 실망을 나타낸 셈이죠. 장르 안에서 주인공 자리에 앉아 본 일이 드문 여성이 보편적인 영웅을 연기한다는 '보편성'이 강조되느라, 남성과 다른 여성의 이야기를 한다는 '특수성'을 놓쳐 버린 것 아니냐는 문제 제기는 타당해 보입니다.

기존 '미디어 생태계'에서 비주류로 간주되던 이들이 보편적인 주류의 자리에 진출할 때면 종종 그런 일이 생깁니다. 성별은 다르지만 액션 배우 이소룡리샤오룽, Bruce Lee의 경우를 살펴볼까요? 이소룡이 등장하기 전만 하더라도 할리우드에서 제작된 영화 속 '아시아인'의 이미지는 굉장히 뻔했습니다. 야만적이고 불결한 미개인, 혹은 돈 냄새에만 혹하는 구두쇠로 그려지곤 했죠.

이소룡이 할리우드의 스타로 떠오르면서, 아시아계 미국인들은 처음으로 자기와 비슷한 외모를 지닌 존재가 영웅으로 등장하는 서사를 얻었다는 데 뿌듯함을 느꼈어요. 하지만 다른 한편으론 여전히 아시아인들의 이미지를 '동양의 신비'라는 고정관념 안에 가뒀다는 평가를 받기도 했습니다. 영화 속 아시아인들은 주로 진리를 찾는 선문답을 나누거나 무술을 연마하는 모습으로 그려졌지만, 이건 실제 아시아인의 삶을 대변할 수 없으니까요. 〈아무도 모른다〉가 보편적인 주인공 자리에 여성을 앉히면서 '여성의 특수성'을 반영하는 데 아쉬움을 남겼다면, 이소룡은 반대로 '아시아적 요소'라는 특수성으로 어필하느라 '보편적인 동시대인으로서의 아시아인'을 그리는 데 아쉬움을 남긴 거예요.

다양한 소수자들에게
더 많은 주인공 자리를

그런데 이게 이소룡의 잘못이었을까요? 저는 아니라고 생각합니다. 동시대 아시아인 스타 중에 이소룡처럼 무술 잘하고 선문답을 즐겨 하는 캐릭터, 존 조John Cho처럼 지적인 이미지로 상대를 매료하는 캐릭터, 아콰피나^Awkwafina처럼 신랄한 농담으로 사람들을 웃기는 캐릭터 등이 두루 존재했다면 아무 문제가 없었겠죠. '아시아인'이라는 거대한 집단 안에 다양한 성향을 지닌 인물 스펙트럼이 존재한다는 사실을 보여 줄 만한 스타들이 충분히 있었다면, 한 사람 정도는 선문답 나누기를 좋아하고 무술 잘하는 '신비로운 동양인' 액션 스타로 매력을 어필해도 큰 문제가 없었을 거란 얘깁니다.

하지만 안타깝게도 이소룡은 할리우드 주류에 진출하는 데 성공한 첫 아시아인이었어요. 그 탓에 당대 아시아인의 모습을 대변할 유일한 창구로서 거대한 기대감을 혼자 짊어져야만 했습니다.

다시 드라마 이야기로 돌아가자면, 〈아무도 모른다〉를 놓고 엇갈리는 평가가 나오는 이유도 그와 비슷한 맥락이라고 생각합니다. 여자 형사를 주인공으로 세운 하드보일드 작품이 더 많았다면, 특별히 여성과 관련한 의제에 집중하거나 여성 등장인물의 서사를 더욱더 깊게 다뤘으면 하는 아쉬움이 지금처럼 크진 않았을 거예요. 수많은 여성 형사물 가운데 한 편이었다면 단순히 '이 작품은 좀 다른 방향으로 접근하려나 보다.' 하고 넘어갈 수도 있었을 테니까요. 그렇지만 〈아무도 모른다〉는 여성 서사 범죄 수사물이 드문 환경 탓에, 남자 못지않게 멋지고 카리스마 넘치는 여성 형사의 활약을 보여 주는 동시에 여성으로서의 특수한 서사 또한 좀 더 풍성하게 드러냈으면 하는 기대를 모두 짊어지게 됐습니다. 이처럼 보편성과 특수성을 모두 충족하기란 여간 어렵지 않죠.

쉽지 않은 일이지만 답이 없는 건 또 아닙니다. 이소룡이 세상을 떠난 뒤에 수많은 아시아계 연예인이 할리우드 주류를 향한 도전을 이어 나갔잖아요? 그리고 이제는 BBC아메리카 드라마 〈킬링 이브〉(2018~)나 영화 〈서치〉(2018)처럼 굳이 아시아인일 필요가 없는 주연 캐릭터에 샌드라 오Sandra Oh나 존 조 같은 아시아계 배우를 캐스팅한 작품이 성공하는가 하면, 아시아적 요소로 가득한 〈크레이지 리치 아시안〉(2018) 같은 영화가 흥행에 성공하는 사례도 나오고 있습니다.

결국 이처럼 서사의 중심에 서 본 적 없던 '소수자 정체성'을 지닌 사람들이 더 많이, 더 흔하게 매체에 등장하는 것만이 그간의 아쉬움을 달래고 완성도 높은 작품을 만드는 데 이바지할 거예요. 그러니 우리는 〈아무도 모른다〉 같은 작품이 성취한 보편성을 높이 평가하는 동시에 여성 서사라는 특수성 측면에서 남긴 아쉬움을 인정하고, 이다음 시도에선 더 좋은 결과가 나오길 바라야겠죠. 새로운 시도를 꾸준히, 더 많이 하다 보면 우린 분명 더 다양한 가능성의 영토에 도달해 있을 겁니다.

공포 속에서
자라나는 ✳
사람들

"뭐야, 성장드라마네?" 카카오TV가 '자사 최초의 판타지 오리지널 드라마'라며 선보인 〈우수무당 가두심〉(2021)에 대한 제 감상은 그랬습니다. 인간을 괴롭히는 악귀와 이에 맞서 싸우는 어린 무당이 나오는 작품이라, 저는 이 드라마가 **오컬트**occult 호러물에 가까울 줄 알았거든요. 그런데 뚜껑을 열어 보니 방점은 조금 다른 곳에 찍혀 있었죠. 주인공 설정부터 아주 모범적인 성장드라마의 공식을 따랐거든요. 어떤지 한번 살펴볼까요?

할머니와 엄마에 이어 3대째 혼령을 보는 능력을 물려받은 주인공 가두심(김새론 분)은 자기에게 신통력이 있다

오컬트

과학으로 설명되지 않는 초자연적인 현상이나 주술, 점성, 심령 등과 같은 신비적인 문화. '감춰진', '비밀' 등을 뜻하는 라틴어 'Occultus'에서 유래함.

는 게 못마땅한 고등학생입니다. 곳곳에 도사린 혼령들을 마주하는 것도 심히 고단한 일이지만, 어린 시절 할머니 묘심(윤석화 분)이 악귀와 싸우다 숨을 거두는 모습을 목격한 탓에 이런 능력이 하나도 반갑지 않죠. 새 학년이 될 때마다 '무당집 딸'이라며 수군거리는 아이들의 조롱 섞인 말을 참아 내는 것도 버겁고요.

그래서 '열여덟 살만 무사히 잘 넘기면 오래오래 행복하게 살 수 있다'는 할머니의 유언을 믿으며 조용히 숨죽여 지내려는데, 하필이면 두심이 새로 전학한 학교에 과거 할머니를 해친 악귀가 등장해요. 이제 두심은 무사히 열여덟 살을 넘기기 위해서라도, 숨죽여 지내는 게 아니라 당당히 들고일어나야 합니다. 전교 꼴찌들을 홀려 하나둘 자살로 몰고 가는 악귀에 맞서 친구들을 지키고, 자신과 악귀 사이에 쌓인 오랜 원한도 풀어야 하죠.

할머니가 제시한 '열여덟 살만 무사히 잘 넘기면'이라는 조건은 어른이 되는 일에 대한 막연한 두려움과 거부감을 상징합니다. 세상은 호시탐탐 나를 해칠 궁리만 하는 악귀 같은 사람들로 가득한 곳이며, 거기서 다치지 않고 살아남아 어른이 되는 일은 너무 멀게만 느껴지니까요. 내게 거는 가족의 기대나 주변인들의 부담스러운 시선도 자꾸만 숨통을 조여 오고요.

이런 악조건을 감내하며 무사히 어른이 되는 일은, 두심이 악귀들을 피해 무사히 열여덟 살을 넘기는 일과 크게 다르지 않을 거예요. 하지만 그저 숨어 지낸들 저절로 어른이 되는 것은 아니기

에, 어느 순간엔 있는 그대로의 '나'를 긍정하고 세상과 맞서 싸워야 하는지도 모르죠. 무당집 딸이라는 정체성이 싫어서 부정하려고만 했던 두심이 끝내 손에 호신구와 부적을 잔뜩 챙겨 악귀와 맞서 싸우는 것처럼요.

좀비들과 싸우며
진정한 지도자로 거듭나다

한데 이렇게 '성장 서사를 품은 호러 장르'가 과연 〈우수무당 가두심〉만의 특징일까요? 다시 생각해 보면 꼭 그렇진 않은 듯합니다. 우리가 보고 즐겨 온 호러 장르 가운데 상당수가 성장 서사를 품고 있으니까요.

넷플릭스 드라마 시리즈 〈킹덤〉(2019~)을 살펴봅시다. 〈킹덤: 시즌 1〉 도입부에 주인공 세자 이창(주지훈 분)의 최고 관심사는 생존해 무사히 왕위를 물려받는 일입니다. 어엿한 세자의 신분이긴 하지만, 정실인 왕비가 아니라 후궁이 낳은 아들인 탓에 끊임없이 지위를 위협받고 있거든요. 지금의 왕비인 계비 조씨(김혜준 분)가 곧 낳게 될 아이가 아들이라면, 적장자 계승의 원칙에 따라 그 아이에게 세자 자리를 내줘야 할지도 모르죠. 이런 와중에 왕(윤세웅 분)은 아프다는 이유로 이창의 알현을 거부하고, 계비의 집안이자 조선의 권력을 틀어쥔 세도가 해원 조씨 일파는 세자를 향한 적개

95

심을 숨기지 않아요.

이런 상황에서 이창은 왕이 앓고 있는 병에 관한 정보를 얻으려 동래로 내려갑니다. 이때만 해도 이창의 목표는 명확해요. 그는 '백성의 고혈을 빨아먹고, 나라의 권력을 독점하다시피 한 해원 조씨 가문을 몰아내겠다'는 의지를 다지죠. 물론 이창의 목표는 정의로워 보입니다. 하지만 전제 조건이 '내가 왕이 되어'라는 데엔 변함이 없어요.

이렇던 이창의 목표가 조선판 좀비인 '생사역'과 맞서 싸우고 백성들을 지키는 과정에서 조금씩 바뀝니다. 백성이 겪는 고난을 두 눈으로 목격한 이창은 '도망가지 않고 백성 곁에서 함께 싸우는 사람이 되겠다'는 다짐을 하죠. 그리하여 유약하기만 하던 세자 이창은 〈킹덤: 시즌 1〉의 마무리 무렵, 백성들을 구원하고 환란에 맞서 싸우는 영웅으로 거듭납니다. 〈킹덤: 시즌 2〉의 끝에선 대의를 위해 왕위까지 버릴 줄 아는 인물이 되고요. 상상치도 못한 고난을 겪어 내면서 내적으로도, 외적으로도 더 단단한 인물로 성장한 거예요.

〈킹덤〉 속 성장 서사는 이창에게만 나타나는 것이 아닙니다. 과거 '나라를 지킨다'는 명목 아래 자신들이 저지른 참혹한 죄상을 진심으로 반성하고 사죄하는 안현(허준호 분)과 덕성(진선규 분)에서, 국가 폭력으로 소중한 사람들을 잃고 복수심에 불타는 인물이 되었으나 대의 앞에서 더 큰일을 하기로 결단한 영신(김성규 분), 할 줄 아는 것이라곤 노는 일뿐인 무능한 양반이었으나 마침내 백성을 위해 목숨 걸고 세자의 편에 서는 조범팔(전석호 분)에 이르기까지, 〈킹덤〉의 세계엔 생사역을 헤치고 살아남는 과정에서 큰사람으로 성숙하는 등장인물이 가득하죠. 첫 등장부터 흔들림 없이 매우 용감하고 어진 인물로 그려지는 의녀 서비(배두나 분) 정도를 제외하면, 〈킹덤〉은 아주 모범적인 성장드라마의 캐릭터들을 보여준다고 할 수 있겠네요.

공포 앞에서 바닥을 보이거나 남을 구하거나

좀비들 틈바구니에서 더 나은 사람으로 성장하는 서사라니, 아주 낯선 이야기는 아닐 거예요. 〈부산행〉(2016)도 딱 그런 캐릭터가 나오는 영화입니다. 영화 전반부에서 주인공 서석우(공유 분)는 자기밖에 모르는 사람입니다. 펀드 매니저인 석우는 미심쩍은 실험을 하는 바이오 회사에 '작전'(자본을 많이 투입해 특정 주식의 가격을 인위적으로 끌어올려 투자자들을 속이는 행위)을 걸어요. 그러다 문제가 생길 것 같으니까 곧바로 관련 종목을 다 팔아 버리라고 지시합니다. '개미'(개인투자자) 돈을 뽑아 먹고 자기들만 쏙 빠져나오려는 속셈이죠. 이를 꺼림칙하게 여기는 부하 직원을 향해 석우는 "넌 개미 입장까지 생각하며 일하냐?"라고 면박을 줘요. 석우는 자신

97

만 생각하니까요. 오죽하면 석우의 딸 수안(김수안 분)이 "아빠는 아빠밖에 몰라. 그러니까 엄마도 떠난 거잖아요."라며 돌직구를 던질까요.

이런 석우가 수안과 함께 KTX 기차를 타고 부산으로 내려가게 됩니다. 그런데 열차 안에 갑자기 좀비 떼가 나타나고, 석우는 사람들과 힘을 모아 이에 맞서죠. 그 과정에서 석우는 조금씩 이기심을 극복하고 이타심을 키워 냅니다. 처음엔 딸과 자기만 무사히 살아남으면 된다고 생각하며 움직였는데, 누군가의 도움을 받아 목숨을 건진 뒤에 누군가를 돕는 것으로 보답하는 과정이 반복되면서 석우의 행동에 변화가 생긴 거예요.

석우의 성장이라는 관점에서 〈부산행〉을 요약하자면, 자신의 잇속만 챙기던 이기적인 존재가 타인을 위해 희생하고 헌신할 줄 아는 인간으로 거듭나는 이야기라 할 수 있어요. 고난을 함께 극복해 나가면서 연대와 협력의 가치를 배우고, 다음 세대에게 좀 더 나은 미래를 물려주려면 어떻게 해야 하는지 고민하는 '인간'이 되는 서사죠. 네, 아주 모범적인 성장담입니다.

사실 좀비 장르에서 자기 성찰과 성장의 서사가 나타나는 건 이상한 일이 아니에요. '좀비 장르의 아버지'로 추앙받는 영화감독 조지 로메로George A. Romero부터가 좀비 장르를 렌즈 삼아 당대 미국 사회를 비판하고 은유하는 데 거리낌이 없었거든요.

로메로 감독은 데뷔작 〈살아 있는 시체들의 밤〉(1968)에서 미국의 반공(공산주의에 반대함) 이데올로기를 비판적으로 바라봤습니다. '외부의 적과 맞서려면 단결해야 한다'는 핑계로 내부의 불평등과 갈등을 찍어 누르던 당시 사회상을 풍자한 거죠. 〈시체들의 새벽〉(1978)에선 자본주의적 향락에 취해 현실 세계의 문제점을 망각한 채 살아가는 현대인을 고찰했고요. 또 〈랜드 오브 데드〉(2005)에선 좀비로부터 안전한 도시를 구축한 인간 사회의 극단적인 빈부 격차와, 마음대로 쏴 죽여도 되는 존재로 취급당하는 좀비들의 분노를 그렸죠.

애당초 좀비 장르의 핵심은 '좀비'에 있지 않아요. 좀비 장르에선 '인간은 좀비라는 존재에 어떻게 맞서고, 어떻게 행동하는지'를 중요하게 그립니다. 이 과정에 자아 성찰이나 성장의 서사가 등장하는 건 자연스러운 일이죠. 거대한 고난과 공포에 맞서야 할 때 누군가는 바닥을 드러내고 자신의 생존만을 추구하겠지만, 누군가는 더 성숙한 존재가 되어 남을 구하려 할 테니까요.

'두려움 속에서 성장하라', 호러 장르의 메시지

이러한 특성은 좀비 장르에만 국한되는 것도 아닙니다. 한국에서 오컬트 영화로 드물게 성공한 〈검은 사제들〉(2015)을 볼까요? 악령에 씐 고등학생 이영신(박소담 분)을 구하기 위해 구마 사제인

신부 김범신(김윤석 분)과 신학생 최준호(강동원 분)가 구마 의식을 치른다는 내용의 이 작품은, 가톨릭 엑소시즘물의 전형적 공식을 차근차근 밟습니다. 줄거리만 놓고 보면 엑소시즘 장르의 원조 격인 윌리엄 프리드킨^{William Friedkin} 감독의 〈엑소시스트〉(1973)와 크게 다르지 않아요.

하지만 주인공인 최준호를 중심으로 바라보면 〈검은 사제들〉은 어엿한 성장영화예요. 어린 시절 여동생을 구하지 못했다는 죄책감과 자기 불신에 사로잡혀 있던 최준호가, 악령이라는 미지의 대상과 맞서는 과정에서 한 명의 구마 사제로 거듭나는 내용이니까요. 그동안 내내 숨기거나 도망치려 한 죄책감을 정면으로 마주하고 넘어섬으로써 최준호는 비로소 '검은 사제'가 되죠. 이처럼 공포물에서 중요한 건 '공포' 그 자체가 아니라 '인간이 공포와 어떻게 맞서느냐'입니다. '두려움 속에서 성장하라.' 바로 이것이 공포 장르의 공통된 메시지인지도 모르겠어요.

미래는 불확실하며 세상은 거칠고 무섭습니다. 아무리 착실히 미래를 준비한대도, 언제 미처 예측하지 못한 일이 터질지는 알 수 없어요. 미지의 세계로 발을 내딛는 건 누구에게나 두렵고 고통스러운 일입니다. '성장통'이란 말이 괜히 있는 게 아니죠.

어쩌면 여름철 우리의 더위를 서늘하게 식혀 주는 공포 장르의 진짜 효능은, 두려움을 정면으로 마주 보고 이겨 내는 법을 배우는 데 있지 않을까요? '불확실한 미래'라는 공포는 우리가 통제할 수 없어도, 이 공포에 어떻게 맞서느냐는 우리가 결정할 수 있으니까요. 가두심이, 이창이, 서석우가, 최준호가 그랬듯 말입니다.

캐릭터가
자기 운명을 ✳
바꾼다고?

드라마나 웹툰, 영화와 같은 픽션을 볼 때 우리는 흔히 작가를 그 세계의 창조주에 비유합니다. 사건이 발생하는 세계를 만들고, 인물들을 빚어내며, 자신이 계획한 사건을 묘사하는 '전지전능한 신' 말이에요. 작가가 만들어 둔 세계가 정교할수록 세계관을 설계한 작가의 권위는 더 올라가죠.

여러분도 웹툰에서 좋아한 캐릭터가 갑작스럽게 퇴장해 속상했던 경험, 지지하던 러브라인이 연결되지 않아서 작가를 원망해 본 경험이 한 번씩은 있을 거예요. "아니, 전지전능하시면서 저 둘을 이어 주는 것이 그렇게 어려운 일인가요, 작가님? 제발 말씀 좀 해 보세요!"

하지만 작가로서는 이게 어려운 일이 될 때도 있어요. 세계관을 정교하게 설계하고 캐릭터의 성격이나 전사前事(작품에 나오지는 않지만 인물이 겪었다고 설정된 일)를 더 꼼꼼하게 설정할수록, 작가가 마음대로 캐릭터들을 움직이는 일은 더 어려워져요. 픽션 속 세계의 법칙이 탄탄하고 캐릭터가 추구하는 방향이 선명하면, 아무리 그 세계를 설계한 작가라 하더라도 캐릭터에게 일관성을 벗어나는 대사나 행동을 시키기가 몹시 어려운 거죠.

이때 캐릭터는 작가의 통제에서 벗어나 일종의 자율성을 지니게 된다고 할 수 있습니다. 그러니 갑자기 작가가 천재지변이나 기억상실, 새로운 캐릭터 같은 변칙적인 요소를 삽입하기도 곤란해요. 자칫 잘못하면 작품 전체의 방향성마저 뒤틀어 버리는 결과를 낳을 수 있으니까요.

결국 작가는 한 세계의 '창조주'일지 몰라도, '전지전능'하지는 않을 수 있습니다. 생각해 보면 유대교·기독교·이슬람교 신앙 속 창조주 또한 세계와 인간을 창조했으나 인간이 선악과를 먹는 걸 막지는 못했으니, 작가를 세계의 창조주에 비유하는 건 조금 오글거려도 우리 생각보다 더 정확한 표현인지도 모르겠네요.

어느 날 내가 만화책 속
엑스트라인 걸 알게 된다면

2019년 가을 MBC에서 방영된 드라마 〈어쩌다 발견한 하루〉

(이하 〈어하루〉)는 그 점을 적극적으로 활용한 작품이에요. 시청률은 3%대에 머물렀지만, 온라인 VOD 조회 수와 화제성 지수에서 열광적인 호응을 얻으며 대만을 비롯한 동아시아 국가에서까지 인기를 끌었죠.

〈어하루〉에서 어려서부터 심장병을 앓아 온 부잣집 외동딸 은단오(김혜윤 분)는 언제부터인가 자신의 기억이 뚝뚝 끊긴다는 사실을 알아챕니다. 방금까지만 해도 시험을 보고 있었는데 어디선가 '사락' 하며 책장을 넘기는 듯한 소리가 들리면 갑자기 답안지를 제출하는 순간으로 의식이 점프하고, 중간 기억이 송두리째 없어지는 식의 일이 반복돼요. 어느 날 단오는 학교 도서관에서 기억상실증과 관련된 책을 찾다가 우연히 '비밀'이라는 제목의 만화책을 접하죠. 그리고 자기가 경험한 모든 일이 그 만화책 안에 그려진 것을 발견하고는 혼란에 빠집니다.

이때 단오 앞에 나타난 급식실 직원 '진미채 요정'(이태리 분)은 그에게 '이 세계는 순정만화 『비밀』 속 세상이며, 자신들은 인간이 아니라 작가가 그려 넣은 캐릭터인데 자아를 발견한 탓에, 자아가 없을 땐 느끼지 못하던 컷과 컷 사이의 공백을 느끼는 것'이라고 설명해요. 제법 그럴듯한 설명이죠. 부유층 귀공자들의 모임인 'A3' 같은 게 교내에 버젓이 존재하는 명문 사립고등학교, 심장병 때문에 툭하면 쓰러지는 단오의 건강 상태, 10년간 짝사랑을 바쳐도 늘 단오를 차갑게만 대하는 약혼자 백경(이재욱 분)의 태도 같은

것들 모두 순정만화 속의 뻔한 **클리셰**
cliché라 할 수 있으니까요.

작품에 너무 흔하게 사용
해서 더 이상 새롭지 않은
상투적인 표현 또는 줄거
리. 부정적으로 쓰일 때가
많음.

"부잣집 외동딸에 약혼자 있는 거
솔직히 쌍팔년도 설정인 거 인정? 어,
인정. 약하고 시름 많은 여주인공 따윈

요즘 시대에 하나도 안 먹힌다고요. 촌스러워! 후져!" 단오는 자기
에게 주어진 설정값인 '비련의 여주인공'이 시대착오적이라고 투
덜거리지만, 그게 다가 아니었습니다. 사실 단오는 『비밀』의 '여
주'(여주인공)가 아니라 '그 외의 인물'로 분류된 엑스트라예요. 비
로소 자신의 정체를 깨닫게 된 단오는 패닉에 빠집니다. 여주가 아
니라면 이 심장병이 나으리란 보장도 없고, 짝사랑을 넘어서는 행
복을 얻을 것이라는 약속도 없을 테죠.

그때부터 단오는 작가의 의도에서 벗어나는 행동을 시도하며
정해진 운명을 바꾸려고 노력해 보지만, 생각처럼 쉽지 않습니다.
'섀도'shadow라고 명명된 장면과 장면 사이의 시공간에서 아무리
노력을 해 봤자, 작가가 그리는 '스테이지'stage로 불려 오는 순간
부터 작가의 의도대로 말하고 움직이는 것 말고는 답이 없거든요.

절망하던 단오는 이름도 주어진 적 없는 단역 중의 단역 '13번
학생'(로운 분)이 개입해서 정해진 콘티를 바꾸는 걸 우연히 목격해
요. 바로 이 13번이 자아를 가지고 단오에게 협조해 준다면, 어쩌
면 운명을 바꿀 수 있을지도 모릅니다. 아예 작가가 어떠한 대사나

행동도 준 적 없는 인물이니, 스테이지가 시작되어도 작가의 의도 밖에서 움직일 수 있을 테니까요. 마음을 굳힌 단오는 13번 학생을 볼 때마다 인사하며 자신을 기억하라고 세뇌하죠. 그에게 '하루'라는 이름을 붙여 주고요.

작가가 만들었지만
작가 마음대로 할 수 없는

TV 드라마 〈어하루〉는 웹툰이 원작인 작품입니다. 2018~2019년 포털사이트 '다음'에 연재된 무류 작가의 원작 웹툰 〈어쩌다 발견한 7월〉(이하 '〈7월〉')은 〈어하루〉보다 **메타픽션**metafiction의 성격이 훨씬 더 강한 작품이었어요. '만화 속 세계를 인지한 등장인물'의 이야기는, 아무래도 같은 매체인 '만화'로 담아낼 때 메타픽션의 성격이 더 강해질 수밖에 없겠죠.

웹툰 〈7월〉은 모든 작가가 경험하는 필연적인 악몽, 바로 자기가 창조한 캐릭터를 스스로 통제할 수 없는 상황을 탐구합니다. 이는 드라마 〈어하루〉에는 없고 원작인 〈7월〉에만 나오는 설정에서 잘 드러나는데요. 이미 한 권으로 묶여 출판된 만화책인 『비밀』을, 작가가 웹툰 〈비밀〉로 개작

메타픽션
작품 속에서 이것이 실제가 아니라 허구임을 의도적으로 드러내는 장르나 설정. 허구와 현실 중 과연 무엇이 진짜인가에 대해 문제를 제기하거나 재미를 유발함.

해 한 편씩 연재하는 중이라는 설정이에요. 자신들의 운명을 바꾸려는 등장인물의 노력을 인지하지 못하면서도 자꾸만 그 영향을 받는 작가의 시점이 드러나죠. 그래서 이미 나온 책과는 다른 방향으로 웹툰이 전개되는 걸 보며 놀라는 독자 댓글이나, 정해진 방향대로 내용을 진전시키지 못하는 작가의 고뇌도 슬쩍 비치곤 해요.

〈7월〉에서 웹툰 〈비밀〉의 작가는 (단오와 하루는 눈치채지 못하지만) 원래 일찌감치 사망해 퇴장할 예정이던 단오를 작품 말미까지 꾸준히 살려 둡니다. 작품 속 인터뷰에서도 이 사실을 언급하죠. "그래서 진짜 몇 번이고 몇 번이고 죽이려고 했는데 작품 후반부까지 살아남더라고요. 이상하게 안 죽더라니깐요. 마감 직전에 바꾼 게 몇 번인지 몰라요."

이를 통해 독자들은 아무리 픽션 속 세계를 창조한 작가라 하더라도 캐릭터들을 온전히 통제할 힘을 지니고 있는 건 아니라는 점을 상기하게 됩니다. 캐릭터를 구성하는 모든 설정을 작가가 손수 창조했을지라도 그 캐릭터가 자기 논리를 지니고 움직이기 시작하는 순간, 작가 또한 캐릭터로부터 영향을 받으니까요.

운명을 거스르는 캐릭터들을
막아 버린 '운명'적 사랑

원작 웹툰보다 훨씬 더 큰 상업적 성공을 거둔 드라마 〈어하루〉

의 세계관은 이 지점에서 〈7월〉의 세계관과는 다소 다른 길을 걷습니다. 〈어하루〉가 원작과 다른 노선을 걸으며 짜 넣은 설정은 『비밀』의 작가가 그렸던 사극 만화 『능소화』의 존재입니다. 『비밀』에서 삼각관계를 이루는 단오와 하루, 백경은 모두 『능소화』에서도 똑같이 삼각관계로 등장했던 캐릭터들이에요. 『능소화』에서도 백경은 자신의 이득을 위해 단오와 마음에도 없는 약혼을 했고, 백경의 심복인 하루는 단오를 감시하는 임무를 맡았다가 사랑하게 됐죠.

이 과정에서 단오와 하루는 자아를 발견하고 두 사람이 서로 힘을 모아 정해진 운명을 바꾸기로 결의합니다. 그러나 이 계획은 '스테이지'에서 무참히 무산되어 버리고, 그 뒤 다시 『비밀』에서 만난 세 사람은 같은 상황을 반복해 겪게 되죠. 작품마다 똑같은 구도를 반복해 사용하는 작가의 게으름 때문에 말입니다.

처음 〈어하루〉가 시작될 무렵만 해도 작가와 캐릭터 사이의 상호작용을 탐구하는 원작 웹툰 〈7월〉의 노선을 충실히 밟아 가는 듯했어요. 하지만 세 주인공의 운명적인 삼각관계를 부각하는 방향으로 선회하면서 〈어하루〉는 다소 자기모순에 빠져 버렸죠. 자유의지처럼 보이던 『비밀』 속 단오와 하루의 모든 선택과 노력은 사실 전작 『능소화』의 인연을 고스란히 재현한 것이었으니까요.

정해진 운명을 거스르고 자신의 길을 스스로 개척하기 위해 나선 캐릭터들에게, 전생의 인연으로 맺어진 운명적인 사랑을 부여한 순간부터 〈어하루〉의 스텝은 꼬여 가기 시작했습니다. 결국 '심장병 사망'이라는 단오의 설정값을 억지로 바꾼 대가로, 하루가 작품 안에서 소멸한다는 무리한 설정을 삽입하고야 말았죠. 생각해 보면 『비밀』의 작가에게는 단오를 살리는 대신 하루를 소멸시켜야 할 이유가 전혀 없음에도 말입니다.

방영 초기에 사람들이 〈어하루〉에 열광한 가장 결정적 이유는, 캐릭터가 작가의 의도를 벗어나 제 삶을 스스로 개척한다는 메타픽션의 쾌감이었어요. 그러나 안정적으로 팬들을 붙잡아 둘 요소인 '운명적 삼각관계'에 집중해 나가다 보니, 결국 출발점을 스스로 부정하는 모순적인 작품으로 끝나고 만 것 같아 아쉽습니다.

혹시 〈어하루〉의 작가들 또한 드라마 속 『비밀』의 작가가 그랬던 것처럼 세계의 통제권을 잃은 채 의도대로 극을 이끌고 가지 못한 건 아닐까요? 시청자 반응을 좇아 서사와 캐릭터를 조금씩 개작하다 보면, 어느 순간 작가들조차 되돌릴 수 없는 지점이 오니까요. 충분한 여유를 갖지 못하고 촉박하게 제작되는 TV 드라마의 제작 기간과 환경을 고려한다면, 정말 그랬을 가능성도 무시할 순 없을 테죠. 만약 그랬던 것이라면, 아쉽기만 한 게 아니라 작품 속 상황이 작품 바깥에서도 재현된 흥미로운 사례로 기록될 필요가 있겠지만요.

3장

다양성

모두가
즐길 수 있는
콘텐츠를 위해

농인만
재난 소식을 　　＊
알 수 없다면

코로나19의 전 세계적인 유행 이후, 사람들은 전에 없이 TV를 보기 시작했습니다. 이상하지 않은 일입니다. 되도록 바깥출입을 삼가고 집에 머물러 혹시 모를 감염병의 확산을 막자는 움직임이 퍼졌으니까요. 평소였다면 밖에 나가 극장을 찾고 여행을 떠나고 맛집을 순례했을 사람들은, TV 앞에 앉아 TV에서 방영하는 영화를 보고, 여행 프로그램을 즐기고, 먹방 프로그램을 찾아 보는 것으로 그 상실감을 달랬습니다.

저 또한 그랬습니다. 세상과 단절되었다는 기분에 휩싸인 저는 TV 뉴스를 열심히 챙겨 보기 시작했어요. 물론 인터넷에 올라오는 뉴스가 조금 더 빠르긴 하죠. 하지만 매 순간 속보를 확인하겠다고 브라우저 새로고침을 계속 누르기보다는, 배경음처럼 TV 뉴스를 틀어 놓은 채 다른 일을 하는 쪽을 택하곤 합니다. 신규 확진자 수는 몇 명인지, 정부와 각 지자체에선 어떻게 방역 대책을 세워 실행하고 있는지, 백신 접종 현황은 어떠한지 등의 소식을 쉬지 않고 전해 주니까요.

그런데 이 중요한 뉴스가 특정 시청자들에게만 제공이 안 된다고 생각해 보자고요. 이를테면 세종특별자치시 시민들에게는 TV 뉴스가 제한적으로만 제공된다거나 서울특별시 서대문구 주민들에게만 TV 뉴스가 한 시간씩 늦게 제공된다거나 하는 상황이라면, 어떻게 될까요? 아마 큰 난리가 날 겁니다. 그처럼 중요한 소식을 제대로 제공하지 않는 것은 명백한 차별이라며 분노하는 분이 많을 테죠.

서대문구 전체에 뉴스가 송출되지 않는다면
난리, 난리, 난리가 났겠지만

엉뚱한 얘기로 들리겠지만, 지금 이런 일이 실제로 일어나고 있습니다. 소리를 듣지 못하는 '농인'聾人들한테 말이죠. TV 뉴스에서 농인을 위한 수어手語 통역을 제공하는 방송사가 상당히 적기 때문입니다.

한국장애인고용공단 고용개발원이 발간한 「한눈에 보는 2020 장애인 통계」에 따르면, 한국의 농인 인구는 약 37만 7,000명으로 추정됩니다. 2020년 2월 기준 세종특별자치시 인구(34만 3,788명)보다 약간 많고, 경기도 광명시(31만 6,125명)·강원도 춘천시(28만 1,759명)·전라남도 목포시(22만 9,235명) 인구를 훨씬 웃돌죠. 서울로 친다면 서대문구(31만 1,327명)나 동대문구 전체 주민 수(34만 6,072명)보다 많은 셈이에요. 만약 서대문구 전체가, 춘천시 전체가 뉴스를 제대로 접할 수 없다고 상상해 보세요. 농인들이 한곳에 모여 사는 게 아니어서 피해 규모가 명확히 드러나지 않을 뿐, 그 정도로 대규모의 정보 차별이 날마다 벌어지는 셈입니다.

저 같은 청인聽人(농인의 상대어로, 소리를 들을 수 있는 모든 사람)은 질병관리청의 브리핑도 문제없이 실시간으로 접할 수 있고, 전문가들이 현 시국을 주제로 토론하는 내용도 거리낌 없이 들을 수 있어요. 하지만 농인들은 그 정보로부터 '격리'되어 있죠. 심지어 수어 통역을 동반하는 정부 브리핑조차 제대로 중계해 주지 않는 방송사가 많았습니다. 재난 주관 방송사인 KBS, 보도 전문 채널 YTN과 연합뉴스TV 정도를 제외하면 대부분 방송사가 음성언어 발표자의 얼굴만을 클로즈업해 보여 줬거든요. 이런 화면이 발표자의 표정에 집중하기 편하고, 보기에도 깔끔하다고 생각한 결과겠죠.

그런데 재난 상황에서 중요한 건 이런 게 아니라, 모두에게 정확한 정보 전달 아닐까요? 농인들은 가장 대중적인 뉴스 매체인 TV에서부터 정보 접근권과 채널 선택권을 제약당하고 있는데, 그

115

런 일이 계속 반복된다면 청인과 농인 사이에 누적된 정보 격차는 얼마나 더 벌어질까요?

물론 대부분 TV 뉴스는 약간의 시차를 두고 문자 형태로 재가공되어 인터넷에 올라옵니다. 국립국어원 홈페이지(korean.go.kr)에서 공공 수어 통역 영상을 제공하기도 하고요. 이렇게 '조금만 기다리면 정보를 접할 수 있는데 뭐가 문제냐'고 생각하는 사람도 있을 거예요. 하지만 TV는 라디오와 달리, 시청각을 모두 활용하는 매체입니다. 충분히 실시간으로 정보를 수어 통역해 보여 줄 수 있는데도 안 그러는 게 더 이상한 일 아닐까요?

모든 농인이 다 인터넷을 활용하고 있을 것이라는 가정도 위험합니다. 인터넷 활용이 어려운 노인들 중에도 농인이 있지 않겠어요? 평생 청인으로 살아온 이들도 나이를 먹으면서 청력이 떨어질 수 있다는 점을 고려하면 더더욱 그렇죠. 요즘 같은 상황에서 코로나19에 가장 취약한 계층은 면역력이 떨어지는 데다 이미 질환을 앓고 있는 노인층일 겁니다. 기저 질환을 가진 노년의 농인이 혼자 살아가는데 인터넷 활용도 쉽지 않은 환경에 있다고 한번 생각해 봅시다. TV 뉴스에서 수어 통역마저 해 주지 않는다면, 이분은 대체 어디서 생존을 위한 정보를 얻을 수 있을까요?

16분의 1 취급을
받는 사람들

정부의 공식 재난 브리핑은 그나마 수어 통역사가 함께 나오는 경우가 많아서 상황이 좀 나은 편이에요. 일반 뉴스로 넘어가면 얘기가 또 달라집니다. 2020년 4월에야 국가인권위원회가 '간판뉴스에 수어 통역을 제공하지 않는 것은 농인에 대한 차별'임을 인정하고, 지상파 방송 3사 메인뉴스에 수어 통역 제공을 권고했거든요. 그래서 2020년 9월부터 MBC, KBS, SBS의 메인뉴스에 수어 통역을 제공하기 시작했지만, 여전히 모든 뉴스에서 제공되는 건 아니니 갈 길이 멀죠.

2016년 2월에 제정된 '한국수화언어법'은 제1조부터 "한국수화언어가 국어와 동등한 자격을 가진 농인의 고유한 언어"라고 못 박습니다. 또한 '장애인차별금지 및 권리구제 등에 관한 법률'은 제21조 제3항에서 "방송사업자는 장애인이 장애인 아닌 사람과 동등하게 제작물 또는 서비스를 접근·이용할 수 있도록 폐쇄 자막, 한국수어 통역, 화면 해설 등 장애인 시청 편의 서비스를 제공하여야 한다."라고 규정하고요. 그러니 농인에겐 수어로 뉴스 방송을 '시청'할 당연한 권리가 있는 셈이죠. 특히나 재난 시의 뉴스처럼 중요한 콘텐츠라면 더 말할 것도 없겠습니다. 하지만 현실에선 이 마땅한 권리를 보장하기 위해 모든 뉴스 전체에 수어 통역을

제공하는 방송사가 아직 없는 거예요.

수어 통역이 되는 뉴스의 경우에도, 그 화면의 크기가 턱없이 작아요. 전체 화면의 16분의 1이거든요. 어지간히 큰 사이즈의 TV가 아닌 이상 제대로 보기가 어렵습니다. 수어는 몇 번째 손가락을 어떻게 접고 어느 방향으로 펴는지, 그 사소한 차이에 따라 의미가 하늘땅만큼 달라지거든요. 한국어가 '아' 다르고 '어' 다르다고 하는 것처럼 수어도 마찬가지예요. 이런 수어의 특성상 최소한의 화면 크기가 보장돼야 하는데, 16분의 1 크기로는 의미 차이를 정확히 담아내기 힘들죠.

손만 잘 보여 준다고 해서 끝나는 문제도 아니에요. 같은 단어라도 어떤 맥락에서 쓰인 것인지 그 뉘앙스까지 전달하려면 표정 활용이 필수입니다. 우리나라 청인들이 사용하는 한국어 음성언어도 비슷하잖아요? "밥 먹었어."만 봐도 어조를 올려서 끝내면 '너는 밥을 먹었느냐?'라는 뜻의 의문문이 되고, 내리면서 끝내면 '나는 밥을 먹었다.'라는 뜻의 평서문이 되죠. 수어도 마찬가지입니다. 정확한 뜻을 제대로 전달하려면 화자의 표정이 필수적인 '언어'예요. 전체 화면의 16분의 1 크기로는 이를 정확하게 읽어 내기가 쉽지 않고요.

그나마 다행인 점은 2019년부터 제공된 '스마트 수어 방송' 서비스를 통해 수어 통역 화면 크기와 위치를 조절할 수 있는 방송 프로그램이 늘어나고 있다는 건데요. 하지만 그 서비스를 이용하려면 기존의 셋톱박스를 업그레이드하거나, 새로 설치해야 해요. 그리고 이건 당연히 일반 TV가 아닌 IPTV(인터넷 프로토콜 텔레비전)에서만 가능하죠.

게다가 농인이 자신의 집에 있는 TV가 아니라 기차역 대합실이나 식당 같은 공공장소에 놓인 TV로 뉴스를 접할 때면 이와 같은 '옵션'도 무용지물입니다. 스마트 수어 방송 서비스가 따로 있다는 이유로 일반 방송에서 수어 통역 화면을 16분의 1 크기로 고수할 일이 아니라, 합리적인 크기로 수어 통역 화면을 키우는 게 이치에 맞지 않을까요?

사실 이런 문제를 해결하는 게 불가능한 건 아니에요. 방송사가 수어 통역사를 고용해 촬영하면 되는 일이거든요. 최소한 뉴스를 제공할 때만이라도 수어 통역 화면의 비율을 더 크게 키우고요. 엄청난 기술적 진보가 필요하다거나 방송 전송을 위한 새로운 통신 표준이 요구되는 일이 아니죠. 돈을 더 들여 인력을 고용하고 뉴스 화면의 레이아웃을 조금만 손보면, 청인과 농인 모두에게 뉴스를 공평히 전할 수 있어요. 평소에 이런 방식으로 뉴스를 전하는 일이 익숙해진다면, 코로나19 사태처럼 정확한 정보 전달이 필수인 재난 상황에도 당황하지 않고 대처할 수 있을 겁니다.

우리나라의 방송사업자들은 지금 이 간단한 일 하나를 안 해서 37만여 명의 농인이 정보 음영 지대(정보가 닿지 못하는 그늘 같은 곳)에 놓이게 방치한 셈입니다. 절대다수인 '청인 시청자'가 큰 불편을 느끼지 않으니까 37만여 명 '정도'는 무시해도 상관없다는 걸까요?

장애인도 TV가 주는
정보와 위로를 누릴 권리가 있다

뉴스 수어 통역 방송도 제대로 제공하지 않는데 농인을 위한 예능·다큐멘터리·드라마 프로그램의 자막 방송이나 약 25만 3,000명의 시각장애인을 위한 화면 해설 방송은 어떨까요? 백번 양보해서 TV 방송에 그런 옵션을 적용하기가 어렵다면, 온라인 스트리밍이나 VOD·IPTV 다시보기 서비스엔 적용할 수도 있잖아요.

현재 넷플릭스, 아마존프라임, 애플TV+ 등의 해외 기반 OTT 서비스는 상당수 콘텐츠에 이런 옵션을 제공하고 있습니다. 하지만 국내 기반 **OTT 서비스**인 웨이브나 티빙 등은 그마저도 제공하지 않죠. 앞서 살펴본 '장애인차별금지 및 권리구제 등에 관한 법률' 제21조 제3항에 따르면, 방송사업자에겐 이 모든 것을 시청자들에게 제공할 '의무'가 있는데도 말입니다.

지금과 같은 재난 상황에서는 더욱 그래요. TV는 시청자들에게 정확한 뉴스 서비스로 재난에 대처하는 데 필

OTT 서비스
Over-The-Top media service의 줄임말. 기존의 미디어를 넘어서 인터넷을 통해 방송 프로그램과 영화 등 각종 콘텐츠를 제공하는 서비스.

요한 정보를 전달하고, 각종 예능과 드라마 등의 프로그램을 통해 고립감을 이겨 낼 정서적 위로를 제공합니다. 이런 서비스를 받을 권리는 장애 유무를 떠나 '모든' 시청자의 것이어야 한다고 생각해요.

저는 당장에 불편함을 느끼지 못하는 비非장애인 시청자들 또한 장애인 시청자들이 당하는 차별에 맞서 함께 항의해야 한다고 믿습니다. 같은 시대를 살아가고 있는 동료 시민 37만여 명을 재난 상황 속에서 정보 음영 지대에 내버려 두고도 아무 비판 없이 넘어가는 선례를 만든다면, 방송사업자들이 제 편익에 따라 멋대로 사람을 차별하는 일을 또다시 반복하지 말라는 법도 없으니까요. 방송사업자들이 그 누구도 함부로 차별하지 못하도록 막는 것이야말로, 내가 당할지도 모를 잠재적 차별을 방지하는 가장 효율적인 길일 겁니다.

삼국지의
중요 인물이 ✳
여자면 안 돼?

　네이버 연재 웹툰 가운데 〈삼국지톡〉(2018~)이라는 작품이 있습니다. 웹툰 〈조선왕조실톡〉의 무적핑크 작가가 이야기를 맡고, 이리 작가가 그림을 그린 작품이에요. 무적핑크 작가의 전작前作 내용과 직설적인 제목에서 짐작할 수 있듯, 이 작품은 역사서 『삼국지』의 등장인물들 손에 오늘날의 신문물을 쥐여 주고 현대적으로 재해석한 웹툰입니다. 배경은 여전히 2세기인데 도원결의를 맺은 세 남자 유비·관우·장비는 황건적을 무찌를 의병 구인 광고를 '아을바몽'(취업정보 사이트 '알바몬'의 패러디)에 올리고, 여포는 적토마 대신 빨간 스포츠카를 타고 다니며, 맞수이자 친구인 원소와 조조는 메신저를 통해 서로의 속내를 떠보죠.

　그런데 이 작품의 댓글난이 다소 시끄러워진 적이 있어요. 유비가 서주의 새 태수가 될 무렵에 등장한, 서주 토박이이자 큰 부자인 '미축'을 둘러싼 일이었습니다. 역사에 남자로 기록되어 있는 미축이 여자 캐릭터로 등장했거든요.

역사서인 『삼국지』를 소설로 재창작한 나관중의 『삼국지연의三國志演義』를 비롯한 후대의 창작물들에서는 미축이 제갈량에게 밀려 그 존재감이 다소 떨어지는 편입니다. 하지만 역사서에 따르면 미축은 유비가 촉나라의 위업을 이루는 데 기반이 되어 준 '개국공신'開國功臣이에요. 웹툰 〈삼국지톡〉에서도 미축은 압도적인 재력과 영향력을 행사하며, 외지에서 온 유비가 서주 백성들의 지지를 받을 수 있도록 돕죠.

이처럼 중요한 인물인 미축이 여자 캐릭터로 등장한 회차에서 상당수 독자는 무적핑크 작가의 재해석을 보며 놀라기도 했고 즐거워하기도 했습니다. 작가의 재해석 덕분에 미축의 성격이 기존과는 극적으로 달라졌거든요. 역사서와 소설에는 미축이 자기 여동생(미부인)을 유비의 둘째 아내로 들여보내면서까지 그를 따른 이유가 '유비에 대한 충성과 믿음'이라고 기록돼 있어요. 하지만 무적핑크 작가의 재해석을 거친 〈삼국지톡〉에서는 이야기가 좀 다릅니다.

재물도 세력도 없는 유비가 조조와 맞서는 모습이 탐욕스럽다고 판단한 미축은, 자신만큼 탐욕스러운 사람을 발견했다는 생각에 유비를 잘 키워 보겠다고 결심합니다. 웹툰 〈삼국지톡〉의 미축은 자기 여동생을 '바치며' 주군과 맹약을 맺는 부하가 아니라, 야망 가득한 청년에게 '베팅하기 위해' 여동생과 혼사를 맺어 주어 묶어 두고자 하는 야심가인 셈이죠.

현대화는 콘셉트지만
성별 변경은 역사 왜곡?

물론 그 설정에 모든 독자가 만족한 건 아니었습니다. 성별 변경에 만족하지 못한 몇몇 독자는 분노에 찬 댓글을 남겼죠. 왜 굳이 성별을 바꿨느냐, 역사물 등장인물에까지 '여성할당제' 적용하는 거냐, '역사 덕후'로서 짜증이 난다, 여포가 여자고 초선이 남자로 나왔으면 반응이 어땠겠냐, 정치색과 그릇된 이성관을 대중에게 강요하지 마라, 역사를 왜곡해서 비판하는 거지 여성으로 바꿔서 그런 건 아니다, 여자 캐릭터를 남자 캐릭터로 바꿨어도 똑같은 반응 나왔을 거다, 왜 자꾸 성별 싸움으로 몰고 가느냐….

역사를 잘 아는 '덕후'로서 사실 왜곡을 비판하는 것이지, 남자가 여자로 바뀐 점을 문제 삼는 건 아니라네요. 오히려 이렇게 인물을 바꾼 것이 '그릇된 이성관'을 대중에게 강요하는 작가의 속내이고, 자기들의 정당한 비판을 '남자들의 불만'이라 보는 관점이야말로 '뭐든지 성별 싸움으로 몰고 가는 것'이란 주장입니다.

하지만 이런 주장들에는 모순이 있습니다. 〈삼국지톡〉에는 장수들이 말 타고 싸우는 전장을 방송용 헬기가 따라다니며 항공촬영하는 장면도 나오고, 조조가 동탁을 암살할 때는 칠성검 대신 총을 사용하거든요. 이렇게 2세기 사람들이 현대 문물을 사용하는 설정은 작품 자체의 '콘셉트'라서 이해할 수 있지만, 미축을 여성으로 바꾸는 건 '역사 왜곡'이므로 안 된다니, 논리에 맞지 않죠.

반대로 초선이라는 여성 캐릭터가 남성 캐릭터로 나왔다면 어땠겠냐, 똑같이 비판받지 않았겠냐는 주장도 한번 따져 볼까요? 초선이 **시스젠더**cisgender 여성이 아닌 캐릭터로 재해석된 인기 작품이 실제로 있어요. 바로 홍콩의 진모陳某 작가가 쓰고 그린 만화 『삼국군영전 화봉요원火鳳燎原』이죠. 이 작품에서 초선은 남자로 태어나 환관으로 자랐으나 자신의 성정체성을 확신하지 못하는 인물로 나오거든요. 하지만 『화봉요원』의 독자들이 이러한 재해석에 격분했다는 이야기를 들어 본 적은 없습니다.

역사적 사실 왜곡이라는 주장도 좀 갸우뚱한 이야기입니다. 사람들이 『삼국지』의 명장면으로 꼽는 것 가운데 상당수는 사실 역사서 그대로가 아니라 나관중을 비롯한 후대의 작가들이 창작한 내용이거든요. 많은 분이 사랑하는 '도원결의' 장면은 『삼국지연의』보다 170여 년 먼저 나온 구전 소설 『삼국지평화三國志平話』에서 창작된 것이고, 여포와 동탁 사

시스젠더
자신이 태어날 때에 지정된 성별과, 스스로 느끼거나 정체화한 성별 정체성이 일치하는 사람. 반대로 트랜스젠더는 그것이 일치하지 않는 사람을 말함.

이를 갈라 놓은 초선의 존재 또한 한 줌의 역사적 사실에 잔뜩 살을 붙여 맥락을 다듬어 낸 나관중의 창작이에요. 적벽대전에서 제갈량이 단을 쌓고 기도를 올려서 동남풍을 불러오는 장면은? 창작입니다. 유비가 어머니께 드릴 차茶를 사 오던 중에 강도를 만나 위기에 처했다가 장비의 도움으로 목숨을 구하는 장면은 『요시카와 에이지 삼국지』에 나와 유명해진 설정이죠. 이처럼 정사正史 『삼국지』는 역사서지만, 수많은 『삼국지』 판본은 이야기꾼들이 재해석하고 살을 덧붙여 만든 픽션이에요. 이와 같은 과감한 창작의 자유가 왜 웹툰 〈삼국지톡〉 '미축의 성별 변경'에만 허락되지 않는 걸까요?

결국 이것저것 다 제하고 나면 진짜 이유는 이 한 문장만 남을 겁니다. '미축처럼 중요한 인물이 여자로 설정되는 걸 용납할 수 없다.' 그런데 이게 그렇게까지 화낼 일인가요? 저는 오히려 이렇게 화를 내는 일부 독자의 반응이야말로, 그간 『삼국지』가 남자들만을 위한 콘텐츠로 존재해 왔음을 자백하는 증거라고 봐요.

삼국지는 누구에게나 대단한 고전일까?

우리나라에 한정되는 이야기일지도 모르지만, 예로부터 이런 말이 있습니다. "『삼국지』를 세 번 이상 읽지 않은 자와 인생을 논하지 말라." 난세를 헤쳐 나가는 인간관계 기술이나 '충의예효'忠義禮孝 같은 유교적 덕목, 위기를 극복하는 지혜 등을 배울 수 있는 고전 중의 고전이니 『삼국지』를 반드시 읽어야 한다는 이야기죠. 저 또한 어릴 적 이런 분위기에 휩쓸려 『이문열 평역 삼국지』나 『고우영 삼국지』를 읽으며 자랐습니다. 그런데 흥미롭게도 이런 말은 보통 남자들 사이에서만 전승되곤 했어요. 어머니가 딸에게, 할머니가 손녀에게 『삼국지』를 건네주며 "『삼국지』를 삼독해야 인생을 논할 수 있단다."라고 말하는 광경, 상상이 되시나요?

그렇다면 한국에서 유독 남자들이 『삼국지』에 열광한 이유는 뭘까요? 『삼국지』만큼 이들의 판타지를 잘 충족해 주는 작품이 또 없기 때문이라고 봅니다. 별 볼일 없이 가난한 집에서 노모를 모시고 살던 유비가 뜻있는 동료들과 힘을 모아 난세를 극복하고 한 나라의 왕이 된다는 줄거리는, 남성이 출세하여 세상에 이름을 알린다는 '입신양명'立身揚名과 자신을 수양하고 가정을 돌보고 나라를 다스려 천하를 평정한다는 '수신제가치국평천하'修身齊家治國平天下의 유교적 세계관에 부합하죠. 이 목표가 너무 멀게만 보였던 대다수 '흙수저' 남성들에게 빈털터리 유비와 멸시받던 환관의 후손인 조조, 명문가에서 태어났지만 어머니가 노비라는 이유로 조롱당한 원소의 '성공담'은 얼마나 근사한 판타지가 됐겠습니까?

하지만 여성들에게 『삼국지』는 그리 좋은 텍스트가 아니었습니다. 『삼국지』에서 여성 캐릭터들은 철저히 도구적인 역할로만 소

모됐거든요. 그나마 가장 비중이 높은 여성 캐릭터인 초선조차 '수양딸을 희생해서라도 나라를 구하겠다'는 왕윤의 충심을 대변하고, 한 여자를 놓고 다투는 동탁과 여포의 탐욕을 조롱하기 위해서만 존재하는 캐릭터죠. 작품 속에서 아무도 초선이 원래 어떤 사람이고 무엇을 욕망했는지를 궁금해하지 않아요.

미축의 동생으로 유비와 혼인한 미부인이라는 캐릭터도 마찬가지입니다. 『삼국지연의』에서 미부인은 유비의 아들인 아두(유선의 어릴 적 이름)를 안전하게 넘겨 주고, 부상당한 자신은 짐이 되지 않도록 자결하는 인물로 그려집니다. 안정적인 부계 세습을 지키고자 스스로 목숨을 끊는 게 '현모양처'의 위대한 희생으로 그려지는 작품을 보며 여성 독자들은 무슨 생각을 했을까요?

이렇듯 『삼국지』에서 제시된 여성상이란 '나라의 안위를 위해 성性을 도구로 삼아 남자를 홀리는 여자' 아니면 '남편 가문의 대를 잇기 위해 자기 목숨을 끊는 여자'인 셈입니다.

웹툰 〈삼국지톡〉에서 미축을 여성으로 설정한 것은 아마도 그와 같은 『삼국지』 기반 창작물들의 한계를 넘어 시대 변화에 발맞춰 적극적으로 재해석하려는 시도일 겁니다. 〈삼국지톡〉은 단순한 악역으로 표현되던 하태후 캐릭터를 입체적인 인물로 그리는가 하면, 초선을 자기 의지로 여포를 선택해 힘과 권력을 탐하는 욕망의 화신으로 그려 내기도 하거든요. 이런 재해석은 남성들의 전유물이던 『삼국지』를 사람들이 두루 소비할 만한 '모두의 고전'으로 업데이트하는 작업의 일환이라 평가할 수 있지 않을까요? 그렇다면 미축이 여자인 것을 못마땅하게 생각한 사람들의 반응은, 『삼국지』가 남성들의 전유물로 머무르길 바라는 이들의 저항이라고 보는 게 맞을 거예요.

문화 콘텐츠에 스며 있는
보이지 않는 위계

성별 변경 캐릭터를 둘러싼 반발이 웹툰 〈삼국지톡〉에만 있었던 건 아닙니다. 2016년에 개봉한 영화 〈고스트 버스터즈〉는 원작의 남자 주인공들을 여자로 바꿔 리메이크한 작품이었는데, 각본의 완성도나 배우들의 연기 모두 1984년 원작과 비교해 크게 처지지 않았음에도 이해하기 어려울 정도의 공격을 당했습니다. 영화 〈스타워즈: 깨어난 포스〉(2015) 또한 새로운 주인공 삼인방이 '여자 제다이, 흑인 남성 저항군, 중남미계 남성 파일럿'으로 설정됐다는 이유로 일부 관객의 원성을 샀고요.

이런 현상은 우리에게 무얼 말해 줄까요? 많은 사람이 즐기는 문화 콘텐츠에도 보이지 않는 '위계'가 존재한다는 의미일 겁니다. 모든 독자 또는 시청자가 평등하게 작품 속 영웅에게 자신을 투영하며 환호할 수 있었던 것이 아니라, 그 체험을 '독점'해 온 계층이 있었다는 뜻이죠. 그 계층이란 대부분 사회의 권력을 쥐고 있는 남성, 백인, 이성애자, 비장애인이었고요.

앞으로 세계는 점점 더 성별, 인종, 성정체성 등의 위계가 사라지는 방향으로 나아갈 거예요. 모든 사회적 신분과 이에 따른 차별을 인정하지 않는 '민주공화국의 정신'에 비추어 봐도 그게 당연히 옳은 방향이고요. 그렇다면 세상의 모습을 반영하는 문화 콘텐츠 안에서도 이런 위계가 사라지는 게 자연스러운 일 아닐까요? 저는 우리가 머지않은 미래에 〈삼국지톡〉 댓글난에 올라왔던 분노의 말들을, 토론할 가치가 있는 의견이 아니라 그저 '우스꽝스러운 해프닝'으로 기억하는 데 합의할 수 있기를 바랍니다. 그럴 수 있으리라 믿고요.

방송 제작
가이드라인만으로
충분할까?

✳

혹시 '방송 제작 가이드라인'이라는 말을 들어 본 적 있나요? 각 방송사가 자사 구성원에게 제시하는 일종의 자율 규범인데, 방송 콘텐츠를 제작할 때 염두에 두고 지켜야 하는 가치와 규준을 반영한 문건입니다. 이는 권고 사항과 의무 사항으로 이루어져 있죠. 방송사마다 이미 자체적으로 마련해 둔 심의 기준과 윤리 강령이 있지만, 방송 제작 가이드라인은 그보다 훨씬 더 상세하고 구체적인 내용으로 구성되어 있어요.

가이드라인으로 가장 유명한 방송사는 아마 영국의 공영방송인 BBC일 겁니다. 전 세계의 방송 제작 가이드라인 대부분이 BBC의 「제작 가이드라인Editorial Guidelines」과 「가이드라인 준수 요강Editorial Policy Guidance」의 영향을 받았거든요. BBC의 방대한 가이드라인은 방송에서 사용해도 좋은 언어와 사용하면 안 되는 언어에 대한 꼼꼼한 규정부터, 어떤 콘텐츠를 몇 시 이후에 편성해야 하는지에 관한 구체적인 지침까지 제시합니다. 그래서 방송계에선 모범 답안으로 대접받고 있죠.

이런 가이드라인은 왜 필요할까요? 우선 방송으로 생길지 모를 잡음을 미리 방지하려는 목적이 있을 겁니다. 방송 콘텐츠를 잘못 만들면 사회적으로 논란이 될 수 있으니 제작 단계에서부터 어떤 부분을 조심해야 하는지 상세하게 정리해 둔 조항이 있으면 좋겠죠. 다음으로는 각 방송사가 콘텐츠를 통해 추구하는 가치가 무엇인지 자사 구성원에게 한 번 더 상기시키려는 목적도 있을 거예요. 가이드라인을 통해 '우리는 어떤 일을 하는 사람들이다, 우리의 목표는 무엇이다.'라는 공통의 비전과 정체성을 제시하는 거죠.

'차별하지 않는 일'은 규정보다 복잡하다

2020년 9월 KBS는 4년 만에 방송 제작 가이드라인을 개정했습니다. 1998년 제정한 뒤로 이번이 네 번째 개정이죠. 코로나19 등 감염병 관련 보도 시 지켜야 할 규정이 신설되었고 보도의 정확성과 균형성, 민주적 여론 형성 등을 추구하기 위한 구체적인 지침이 추가됐어요. 무엇보다 눈에 띄는 건 사회적 소수자에 대한 인권 보호 규정이 강화된 점입니다. '여성', '장애인', '이주민', '아동', '북한이탈주민' 등을 다루는 방송의 바람직한 태도를 더욱 상세히 제시해 화제가 되었죠. 보호와 존중을 받아야 하는 소수자의 목록에 '성적 지향이 다른 이들', 즉 '성소수자'를 추가하기도 했답니다.

이번 개정은 시대 변화를 따라가려는 노력이 보인다는 면에서 많은 찬사를 받았어요. "차별은 혐오를 조장하고 사회통합을 저해하는 요소이므로 방송에서 철저히 배제되어야 한다."라는 기본 원칙도 훌륭하지만, 세부 규정 또한 실무적인 측면을 꼼꼼히 고려했다는 점이 눈에 보이거든요. "전체 프로그램의 맥락과 상관없이 방송에 등장하는 인물의 외모를 평가하지 말아야 하며 이를 조롱, 혐오의 대상으로 삼지 않아야 한다."라거나 "이주민을 한국의 관점이나 기준으로 평가해 동정의 대상으로 삼지 말아야 하며, 어눌한 한국어 표현 및 행동 등에 주목한 구경거리의 대상으로 묘사하지 말아야 한다." 등의 규정은 좀 더 일찍 나왔더라면 참 좋았겠죠.

물론 언제나 그렇듯, 규정을 정하는 일보다 더 중요한 건 그 규정을 지키고자 하는 의지입니다. 규정대로 '타인을 차별하지 않는 일'은 생각보다 어렵고 복잡하거든요. 언뜻 생각하면 단순히 '○○○ 집단은 게으르다.'라거나 '○○○ 집단은 무임승차를 일삼는 사회의 짐이다.' 같은 직접적인 혐오 표현을 방송에서 안 하면 되는 것 아닌가 싶을 수도 있겠죠. 하지만 현실엔 이처럼 명확한 악의를 지닌 차별 말고도, 우리 사고방식의 일부로 굳어진 선입견과 편향성이 작동한 결과로 나오는 '악의 없는 차별' 또한 존재합니다. 그러니 차별하지 않는다는 건 그저 '나쁜 언행을 하지 않는다.'에서 끝나는 게 아니라, 기존의 차별을 시정하기 위한 구체적이고 적극적인 실천이 필요한 일이에요.

'부정적으로 묘사하지 않는다'에 그치지 말고 '합당하게 묘사한다'로 나아가야

예를 하나 들어 볼까요? MBC 드라마 〈개인의 취향〉(2021)은 우리나라 지상파 방송에서 공개적으로 게이 코드를 다뤘던 드문 작품입니다. 건축설계사 전진호(이민호 분)가 '상고재'라는 한옥을 본뜬 건물을 설계하기 위해, 상고재의 상속자이자 유일한 거주자인 박개인(손예진 분)의 집에 들어가 살게 되면서 벌어지는 이야기인데요. 이때 전진호는 박개인에게 자신이 게이라고 거짓말을 하죠. 마침 박개인은 전진호를 게이로 오해하고 있었는데, 전진호는 그 오해를 이용한 겁니다. '여자 혼자 사는 집에 어떻게 남자가 룸메이트로 들어오냐'는 박개인의 거부감을 누그러뜨리기 위해서요.

이런저런 이유로 게이 흉내를 내는 스트레이트(이성애자) 남성들이 나오는 이 드라마에 유일하게 진짜 게이인 인물이 하나 있으니, 그가 바로 담미술관 관장 최도빈(류승룡 분)입니다. 그는 사람들이 게이는 이럴 것이라고 상상하는 '전형성'을 재현하지 않습니다. 흔히 콘텐츠 안에서 게이 캐릭터는 뻔하디뻔한 스테레오타입으로 묘사되곤 합니다. 말투나 행동거지가 호들갑스럽고 옷차림이 화려하며, 흔히 사회에서 말하는 '여성성'을 흉내 내어 서로를 '언니', '이년아'라고 부르는 사람들로 그려지기 일쑤죠. 하지만 〈개인의 취향〉 속 최도빈은 그런 스테레오타입에 갇히지 않은, 온화하고 중후한 중년으로 묘사됩니다. 성소수자이면서도 동시에 온전한 자기 개성을 지닌 인물이죠. 이 작품이 '진짜 게이' 캐릭터를 통해 성소수자를 바라보는 사람들의 고정관념을 깨려고 노력한 점은 높이 평가할 만한 부분입니다.

그러나 최도빈은 연애 대상으로 호감을 느꼈던 전진호가 실은 자신과 같은 게이가 아니라 스트레이트라는 사실을 알게 된 때부터, 전진호와 박개인이 맺어질 수 있도록 중간에서 도와주는 조력자 역할만을 충실하게 수행해요. 따지고 보면 전진호가 주류의 지향성을 지녔음에도 자기 이득을 위해 소수자인 척한 것이고 이는 타인의 소수자성을 '착취'한 셈인데도, 소수자 당사자인 최도빈은 전혀 분노하지 않죠. 심지어 함부로 **아웃팅**Outing을 당해도 화를 표출하지 않고 꾹 참기만 합니다. 어느새 최도빈도 독자적인 서사를 지닌 캐릭터가 아니라, 스트레

아웃팅
당사자의 의사와 무관하게 타인이 그의 성정체성을 폭로하는 것. 당사자 스스로의 선택으로 밝히는 '커밍아웃'과 달리, 매우 큰 사회적 폭력에 해당함.

이트들의 연애담 속에 등장하는 얌전하고 선량한 조력자로 전락한 거죠. 게이 코드를 차용한 드라마에서 정작 진짜 게이는 철저하게 도구적인 캐릭터로 소모된 셈이에요.

이 사례에서 우리는 무엇을 배울 수 있을까요? 누군가를 차별하지 않는다는 목표는, 단순히 그를 부정적으로 묘사하지 않는 것만으로 성취할 수 없다는 사실입니다. 더 나아가 그에게 합당한 서사를 부여하고자 하는 적극적인 노력이 필요하죠. 이를 위해선 주류 집단 중심적인 사고방식에서 벗어나야 하고, 상대가 속한 집단에 대해 어느 정도의 이해와 지식, 그리고 존중을 가져야 해요. 저절로 되는 일이 아니라 '학습'이 필요한 일입니다.

가이드라인이 단지
'선언'에 그치지 않으려면

〈개인의 취향〉은 10여 년 전 드라마라 너무 멀게 느껴진다고요? 그렇다면 2020년 9월 한국에서 개봉한 영화를 사례로 살펴보죠. 바로 월트디즈니픽처스가 제작한 실사판 리메이크 영화 〈뮬란〉이에요. 영화가 공개되기 전 세간에는 디즈니가 중국 정부와 중국인 관객들의 기호에 맞추기 위해, 흥겨운 유머로 가득했던 원작 애니메이션 〈뮬란〉(1998)을 턱도 없이 진지한 톤으로 고쳐 버렸다는 소문이 돌았습니다. 애니메이션판에서 널리 사랑받았던 캐릭터 '무슈'가 실사판 리메이크에선 사라진 것도, 중국인들이 신령스러운 존재로 여기는 용을 함부로 우스꽝스럽게 그릴 수 없어서 그런 거라는 주장이 제기되었죠. 그런데 미국 현지에서 스트리밍 플랫폼 디즈니플러스를 통해 작품이 공개되자, 우려하던 것보다 '더 끔찍하다'는 평이 나오기 시작했죠. 기본 설정부터가 작품의 기반이 된 중국 문화를 전혀 이해하지 못한 채 출발한 작품이었거든요.

영화가 시작하자마자 나오는 설정 한 가지만 언급해 볼게요. 이 작품의 원작 설화 「목란사木蘭辭」나 애니메이션 〈뮬란〉과 달리, 실사판 영화 속 뮬란(류이페이 분)은 '천기를 타고났지만 여자는 기를 쓰면 안 된다는 사회적 억압 때문에 제 정체를 숨기고 산 사람'으로 설정되어 있습니다. 무협소설을 조금이라도 읽어 본 분들은 이상한 점을 바로 알아챘을 거예요. 무협의 세계엔 기본적으로 출중한 무예와 가공할 기공을 선보이는 여협女俠이 가득하니까요. 비록 규방과 무림의 질서가 다르긴 해도 '여자는 영웅이 될 수 없으니 기를 쓰면 안 된다'는 설정은 심각한 왜곡이죠.

동아시아 세계관에 익숙한 미국 내 아시아계 커뮤니티에서는 이 작품을 향한 경악과 성토가 이어졌습니다. 중국 고사를 이용해 작품을 만들고자 했다면 그 문화에 대한 최소한의 존중과 지식이 필요한데, 이건 도저히 이해해 줄 수 없는 왜곡과 몰이해가 가득한 결과물이었거든요. 뭐가 잘못된 건지조차 눈치를 못 챈 서구권 평론가들은 '생각보다 나쁘지 않다'는 뜨뜻미지근한 평을 남겼죠. 이에 아시아계 미국인들의 분노는 더 커질 수밖에 없었고요.

제작진이 작정하고 일부러 동아시아 문화를 왜곡하겠다는 악의를 가졌던 걸까요? 그건 아닐 겁니다. 전 세계 중국인과 중국 문화권이라는 거대한 영화 시장을 포기했을 리 없죠. 그렇지만 제작진 중에 뭐가 문제인지 지적해 줄 만한 전문가가 없었을 것이란 추측은 해 볼 수 있습니다. 감독과 4명의 각본가, 음악·촬영·편집·캐스팅·의상 디렉터까지 모두 '백인'이었거든요. 만약 책임 있는 자리에 동아시아계 스태프가 있어서 '그건 문제 있다'고 짚으며 더 깊은 이해를 나눌 수 있었다면, 이런 결과까지는 오지 않았을 거예요.

TV 드라마 〈개인의 취향〉과 실사판 리메이크 영화 〈뮬란〉의 사례에서 알 수 있듯, 누군가를 차별하지 않겠다는 다짐은 상대의 목소리를 존중하고 그 목소리를 반영하려는 구체적 노력 없이는 단순한 '선언'에 그치고 맙니다. 「2020 KBS 방송 제작 가이드라인」을 보며 흡족해하면서도, 이 지침을 구체적 실천으로 옮기는 데 들여야 할 노력과 의지를 걱정하는 이유는 바로 그 때문이에요. 말처럼 쉬운 일이 아닐 테니까요. 스태프 채용 단계에서부터 여러 정체성을 지닌 이들을 고루 뽑아 방송사의 시야를 확장하고 다양성을 확보하는 작업이 요구되죠.

그리고 이러한 걱정은 방송사에서 나아가 우리를 향해 되돌아옵니다. 우리는 나와 다른 이들과 함께 살아갈 준비가 얼마나 되어 있을까요? 여러분은 나와 다른 정체성을 지닌 사람들의 목소리를 귀담아듣고, 그들을 동등한 동료 시민으로 받아들일 준비가 되어 있나요? '존중'과 '포용'을 넘어, 이들과 어깨를 나란히 하고 '공존'하는 연습은 비단 방송국에만 필요한 게 아닐 겁니다.

어디로 가든
서울만 나오는 ✳
이상한 TV

 최근 출연한 방송에서 '제주도가 배경으로 등장한 예능 프로그램'과 관련해 이야기 나눌 기회가 있었습니다. 제주도의 푸른 바다가 담긴 영상을 보며 출연자들은 너나없이 '코로나19로 집 안에만 콕 박혀 있던 차에 제주의 멋진 풍광을 볼 수 있어서 여행 다녀온 기분'이라고 말했죠. 저도 이런 반응에 맞장구를 쳤는데, 나중에 생각해 보니 조금 이상한 느낌이 들더군요.

 제주도가 한국의 대표적 관광지이긴 해도 제주 사람들에게는 엄연히 삶의 터전이잖아요. 코로나19로 어디 가지 못하는 건 제주 사람도 매한가지인데, 서울 사람들이 모여 제주도 영상을 보며 "여행 다녀온 기분이어서 좋았다."라고 이야기한다면 현지인의 기분이 어떨까요? 생각해 보면 그 말은 결국 제주도를 관광지로만 보는 서울 사람의 사고방식에서 나온 것이었습니다.

'일상 탈출' 공간으로만
묘사되는 비수도권

프로그램을 만드는 제작진이나 방송을 비평하는 저 같은 사람도 대부분 이런 실수에서 자유롭지 못합니다. 서울을 중심으로 이야기하고 생각하는 '방송 언어'에 익숙해진 탓이죠. 뉴스나 예능에서 '여의도 면적의 ××배', '사당에서 잠실까지의 거리' 같은 표현을 접한 경험이 있을 거예요. 교통정보 안내 방송이 아닌데도 '출퇴근길 강변북로를 연상케 하는 답답함' 등의 비유가 등장하기도 하고요. 서울 중심의 수도권 시민이 아니라면 바로 이해하기 어려운 비유인데도, 방송에서는 그와 같은 표현이 추가 설명 없이 쓰입니다.

여의도를 방문하거나 사당에서 잠실까지 이동해 본 경험, 혹은 출퇴근 시간에 강변북로가 얼마나 막히는지 체험해 본 수도권 주민이라면 저 비유가 무엇을 뜻하는지 대충은 이해할 수 있을 겁니다. 하지만 비수도권 지역에 거주하는 시청자들은 앞뒤 맥락을 통해 추론하는 단계를 하나 더 거쳐야 의미에 접근할 수 있죠. 아주 사소한 표현에서부터 방송은 은연중에 서울 중심 관점을 강요하고 있는 거예요.

억지 트집 같다고요? 그렇다면 반대로 방송에 '센텀시티 면적의 ××배’, ‘금남로에서 상무지구까지의 거리’, ‘출퇴근길의 신천대로 정체’ 같은 표현들이 나온다고 생각해 보세요. 수도권에 사는 독자 여러분은 저 표현들이 어느 정도의 넓이, 거리, 정체감을 나타내는지 짐작할 수 있나요? 이런 표현들이 낯설고 멀게 느껴진다면, 이제 다른 지역 사람들이 막연한 서울의 지명들 앞에서 느꼈을 마음을 짐작해 볼 수 있을 거예요.

‘방송에서 지방이 소외되고 있다’는 말이 여전히 의아하게 생각될지도 모르겠네요. 예능만 따져 봐도 지방의 근사하고 아름다운 명소들을 소개해 주는 프로그램이 많으니까요. 하지만 자세히 살펴보면, 예능 프로그램에서 지방을 그릴 때는 특별한 테마를 부여하고 있음을 알 수 있습니다. 수도권은 일상의 공간으로 그려지는 데 비해, 지방은 주로 ‘여행을 떠나기 좋은 곳’(KBS 〈1박 2일〉, JTBC 〈효리네 민박〉, tvN 〈바퀴 달린 집〉 혹은 ‘맛있는 먹거리와 즐거운 놀거리가 있는 곳’(채널A 〈나만 믿고 따라와, 도시어부〉) 혹은 ‘자연 속에서 힐링하는 곳’(MBN 〈나는 자연인이다〉, tvN 〈삼시세끼〉, MBC 〈안 싸우면 다행이야〉)으로 표현되거든요.

다시 말해 지방은 ‘수도권 주민이 바쁜 일상을 잠시 탈출해 재충전하고 가는 풍광 좋은 이색 공간’으로 묘사될 뿐, 실제 사람이 생활하고 노동하며 터전을 잡고 사는 삶의 공간으로는 좀처럼 그려지지 않아요. 드물게 tvN 〈서울촌놈〉(2020)처럼 각 지역의 언어와 문화적 특색을 다루는 예능 프로그램도 있었습니다만, 지방을

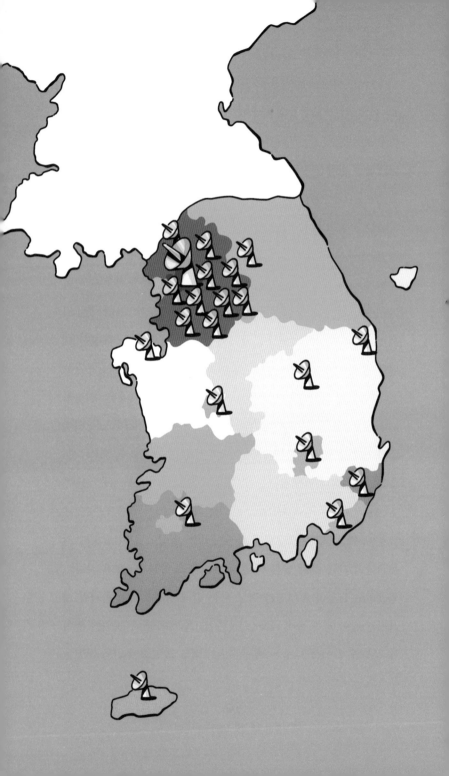

잘 모르는 '서울' 사람인 이승기와 차태현이 각지를 찾아가 지역 문화를 배운다는 콘셉트는 여전히 서울 중심의 관점을 고수했죠. 터를 잡고 살아가는 현지인의 시선이 아니라, 방송계에서 '보편'의 지위를 독점한 수도권 주민의 시선으로만 다뤄진다는 한계를 명확히 드러냈습니다.

'해당 지역의 문제는 각 지역방송에서 다루면 되지 않나?'라고 생각하는 사람도 있을 거예요. 각 지역의 관점을 반영하는 지역방송사가 곳곳에 존재하니까요. 하지만 각 지역방송에서 자체 제작 프로그램을 편성하는 비율은 아무리 높아 봐야 50% 정도이고, 낮을 때는 15%에 불과합니다. 나머지 50~85%의 편성은 전국 시청자가 함께 보는 프로그램으로 채워져요. 이런 상황을 고려하면 전국 네트워크 방송은 당연히 '전국 단위'의 관점을 반영해 프로그램을 만들어야 하는데, 자꾸 '서울'의 관점만을 담아내고 있으니 '서울 지역방송'으로 변질됐다는 비판이 나올 수밖에 없죠.

TV에서 보기 어려운
지역방송사의 수작들

각 지역방송사는 이런 한계를 극복하고자 나름대로 열심히 자체 프로그램을 제작하고 있습니다. 그중 2020년 제48회 국제에미상International Emmy Award 다큐멘터리 부문 후보로 올라 화제를 일으

147

3장 다양성 _ 모두가 즐길 수 있는 콘텐츠를 위해

킨 KBS전주의 〈할미넴Granni-E-minem〉(2019)은 손꼽히는 수작이에요. 이 작품은 서울에서 래퍼로 자리 잡으려고 노력하던 청년 강성균 씨가 잠시 고향으로 돌아왔다가, 순창국악원에 계약직으로 취직하면서 벌어지는 이야기를 다뤘습니다. 그는 그곳에서 일평생 힙합과는 인연 없이 살던 할머니들에게 랩을 가르칩니다. 청년이 꿈을 키우기 어려운 지방의 한계와 세대 간의 소통 단절 문제를 다룬 흥미진진한 다큐멘터리죠. 할머니들이 강성균 씨와 함께 써 내려간 랩 가사로 고단했던 인생을 노래하는 장면은 절로 눈물이 핑 고일 정도로 감동적이에요.

2019년 제46회 한국방송대상 지역교양TV 부문 작품상과 2020년 제12회 방송통신위원회방송대상 문화다양성 부문 우수상을 받은 광주MBC의 〈핑크피쉬〉(2018~2020) 시리즈는 또 어떻고요? 호남湖南 지역을 비하하는 언어로 변질된 '홍어'의 역사와 가치를 재조명하여, 이를 전라도를 대표하는 소울 푸드이자 차별과 혐오에 저항하는 상징으로 재해석한 다큐멘터리죠. 다루기 쉽지 않은 식재료를 만난 레이먼 킴, 여경래, 정지선, 박찬일, 박준우 등의 셰프들이 홍어를 탐구하고 재해석하면서 다양한 요리로 변주하는 과정만 따라가도 입안에 침이 고이는 작품입니다.

그런데 이런 작품들은 마음먹고 찾아보려 노력하지 않는 이상 접하기가 어렵습니다. 지역방송사에서 만든 프로그램이 전국 네트워크를 타고 방영되는 일 자체가 매우 드물거든요. 방영된다고 해도 서울에서 만든 프로그램에 방해가 안 되도록 후미진 시간대로 편성되기 일쑤고요.

현재 지상파 3사는 각각 〈MBC 네트워크 특선〉(2003~), 〈KBS 네트워크 특선〉(2010~), 〈SBS 네트워크 특선〉(2012~)을 통해 지역 방송사의 우수 프로그램을 전국 네트워크로 소개하고 있어요. 하지만 편성 일시를 보면 일요일 오전 5시(MBC), 화요일~금요일 오후 1시(KBS), 월요일 오전 1시 25분(SBS)이고 그마저도 변경될 때가 다반사죠. 이 시간대에 TV를 보는 사람의 수는 한정될 수밖에 없습니다. 저만 해도 TV 비평을 직업적으로 하지 않았다면 그런 프로그램이 있는지조차 몰랐을 거예요.

이처럼 전국 네트워크 방송은 서울 중심의 관점을 고수하고 지역방송사 프로그램은 도무지 접하기 어려우니, 수도권 주민이 '서울 중심주의'에서 벗어나 시야를 넓히거나 타 지역 시청자가 이웃 동네의 삶을 이해하기란 쉽지 않아요. 특히 수도권은 행정적·경제적·문화적 인프라가 대부분 몰려 있어서 다른 지역의 존재를 신경 쓰지 않고 살아도 큰 불편이 없기 때문에, 거주 지역 바깥까지 눈길을 돌리려면 의식적으로 상당한 노력을 기울여야 하죠. 하지만 콘텐츠를 만들어 제공하는 이들조차 그러지 못하는 상황이니, 평범한 시청자들이 시간을 쪼개어 지역의 콘텐츠를 찾아보기란 더더욱 어려운 일입니다.

여러 지역의 다양한 사람들과
어울려 살아갈 준비

대다수 방송국이 서울에 본사를 두고, 방송 관련 일을 하는 사람도 대부분 수도권 도시에 살고 있기에 자연스레 관점이 고정되는 측면도 있을 거예요. 모든 행정·경제·문화의 중심지가 서울이며 수도권 거주 인구(2,603만 5,537명)가 전체 인구(5,183만 4,302명)의 50.2%에 달하니(2020년 11월 행정안전부 「주민등록 인구통계」 기준), 방송 또한 이런 현실을 반영하는 것뿐인지도 모르죠. 그러나 각종 인프라가 서울에 몰려 있단 이유만으로 전체 인구의 49.8%가 살아가는 권역에 무관심해도 괜찮은 것인지, 서울 사람들이 여행을 떠나 먹고 놀고 힐링하는 공간으로만 지방을 그리는 게 과연 옳은 일인지는 한번 생각해 볼 필요가 있지 않을까요?

서울 중심의 관점이 굳어지다 보니 이런 일도 생깁니다. 2016년 경주 지진 당시, 강력한 진동을 느끼고 공포에 질린 경주 시민들은 어떻게 된 일인가 싶어 '국가 재난 주관 방송사'인 KBS로 채널을 고정했어요. 하지만 KBS는 규모 5.1의 전진(큰 지진에 앞서 일어나는 지진)이 일어날 때는 〈우리말 겨루기〉를, 규모 5.8의 강진이 발생할 때도 일일드라마 〈별난 가족〉을 '정상' 방영했습니다. 자막으로 지진 뉴스 특보를 내보내긴 했습니다만, 그것만으론 충분치 않다는 지적이 빗발쳤죠. 2017년 포항 지진, 2020년 부산 집중호우 등 이후에도 비슷한 상황이 반복되었고요. "지방에선 사람이 죽든 말든 서울은 신경 쓰지 않는 것인가!", "서울에서 이런 일이 터졌다면 드라마를 정상 방영했겠느냐!" 하며 이곳저곳에서 분노가 들끓었습니다.

안타깝게도 제가 이 글에서 지적하고 있는 것들은 독자 여러분이 바로 고쳐 낼 수 있는 일은 아닙니다. 방송을 만드는 사람들이 더 자각하며 노력해야겠죠. 학업 때문에 안 그래도 바쁜 여러분에게 시간을 쪼개어 지역방송 프로그램을 찾아보라는 주문을 할 수도 없어요. 그럼에도 여러분에게 이런 이야기를 하는 데는 나름의 이유가 있답니다.

고등학교와 대학에 진학할 때, 또 학교를 졸업하고 사회로 나가게 될 때, 여러분은 지금까지보다 훨씬 더 다양한 사람을 만나게 될 거예요. 특히 동네를 벗어나 여러 지역의 사람들을 만날 기회가 늘어나죠. 그중엔 여러분이 들어 본 적 없는 지역에서 온 이도 있을 테고요. 새로운 만남마다 여러분은 서로 다름을 존중하고, 각 지역의 차이를 염두에 두며 사람을 대해야 하는 어려운 숙제를 접하게 될 겁니다. 편견을 극복하는 일의 첫 단계는, 일단 내가 편견을 가지고 있다는 사실을 인지하는 데서 출발해요. 우리 모두 미디어가 심어 준 '서울 중심주의'라는 편견을 인지하는 일부터 시작해 보면 어떨까요?

완다를, 로키를, 축구하는 여자들을 더 잘 이해하는 방법

✳

디즈니의 스트리밍 서비스 디즈니플러스가 한국 진출을 앞두고 있어요. 2021년 11월이면 한국에서도 공식적인 루트를 통해 디즈니플러스를 만나 볼 수 있다고 하죠. 특히 만화를 원작으로 한 마블 영화를 좋아하는 사람이라면, 마블의 모회사인 디즈니플러스 국내 서비스 개시를 기다리는 마음이 간절할 거예요. 코로나19의 세계적 유행 탓에 〈스파이더맨: 파 프롬 홈〉(2019) 이후 2년간 마블 영화의 개봉이 없었잖아요. 2021년 7월 〈블랙 위도우〉, 9월 〈샹치와 텐 링즈의 전설〉이 개봉하긴 했습니다만, 코로나19 이전에 마블이 얼마나 자주 영화를 선보였는지를 생각해 보면 한두 편으로 갈증이 다 해소되긴 어렵죠.

이런 와중에 바다 건너 디즈니플러스가 서비스되고 있는 나라에서 마블 드라마에 대한 호평이 들려와, 안 그래도 궁금했던 마음에 불을 지핍니다. IMDb(인터넷영화 데이터베이스) 기준으로 〈완다비전〉(2021)의 평점은 10점 만점에 8점, 〈팔콘과 윈터 솔져〉(2021)는 7.4점, 〈로키〉(2021)는 무려 8.9점으로 꽤 높은 편이죠!

더 잘 이해하려면
더 오래 이야기를 나눠야 한다

작품을 먼저 접한 사람들의 이야기와 해외 평론을 살펴보면, 디즈니플러스 마블 드라마의 성공 비결 가운데 하나는 '충분한 러닝타임'입니다. 마블 영화의 러닝타임은 대개 두 시간 남짓이고, 길어도 세 시간을 안 넘기죠. 한 영화에 출연하는 등장인물의 수를 고려하면 캐릭터 각각의 심리나 사정을 공들여 묘사하긴 쉽지 않아요. 주연들만 해도 이러한데, 상대적으로 비중이 작은 조연은 어떻겠어요?

드라마 〈완다비전〉의 주인공 완다 막시모프(엘리자베스 올슨 분)와 비전(폴 베터니 분) 또한 그동안 마블 영화의 세계관에서 '어벤져스' 멤버로 활약했지만, 핵심 멤버는 아니었기에 이들의 속 깊은 이야기는 제대로 다뤄진 적이 없었습니다. 또 〈팔콘과 윈터 솔져〉의 주인공 샘 윌슨(앤서니 매키 분), 버키 반즈(세바스티안 스탄 분)도 '캡틴 아메리카' 스티브 로저스(크리스 에반스 분)의 친구로만 다뤄진다는 한계가 분명했고요. 팬들의 많은 사랑을 받았지만, 악역 출신이라는 한계 때문에 개인적인 고뇌나 입장을 들어 볼 기회가 마땅찮았던 〈로키〉의 주인공 로키(톰 히들스턴 분) 역시 그들과 마찬가지였죠.

마블이 새로 선보인 드라마들은 이 캐릭터들의 내면을 러닝타임 기준으로 5시간 넘게 공들여 탐구합니다. 그 덕에 시청자들은 익히 안다고 생각했던 캐릭터들을 더 깊이 이해할 수 있었다고 말해요. 성장 과정에서 완다가 경험한 온갖 트라우마와 이로 인한 슬픔에 대해 다시금 고찰할 수 있었고, 자기 의지와 무관하게 전쟁병기로 쓰인 버키의 죄책감이나 슈퍼히어로임에도 인종차별을 피할 수 없는 샘의 속사정도 알 수 있었습니다. 로키가 지닌 콤플렉스에 관해서도 진솔한 얘길 들을 수 있었고요.

우리가 평소 오며 가며 알게 된 인연과, 시간을 할애해 마주 앉아 진득하게 이야기를 나누며 쌓은 인연은 그 이해의 정도가 다를 수밖에 없잖아요? 콘텐츠에서도 마찬가지입니다. 이야기를 들을 시간만 충분하다면 우리는 동유럽 출신 전쟁고아(완다)의 트라우마도, 인종차별을 경험하는 흑인(샘)의 속사정도, 사랑받을 자격이 없는 건 아닐까 두려워 늘 겁에 질려 있는 탕아(로키)의 마음도 어느 정도 이해할 수 있죠.

소수자를 '고명'처럼 얹는
토크니즘을 벗어나

이처럼 미디어는 직접 만나 본 적 없는 사람에 대해서도 어느 정도 짐작하고, 공감하며, 이해할 수 있게 만드는 힘이 있습니다. 하지만 그렇게 자신의 이야기를 충분히 들려줄 시간을 모두가 공평하게 나눠 가져간 건 아니었어요. 사회의 주류 세력이나, 주류로부터 온건하다고 인정받은 사람들이 중심 캐릭터로서 러닝타임을 차지하곤 했으니까요.

지금까지 영화나 드라마에서 스포트라이트가 어느 쪽으로 더 많이 향했는지를 한번 떠올려 볼까요? 여성보다는 남성이, 성소수자보다는 비非성소수자가, 장애인보단 비장애인이, 흑인보다는 백인이, 어린이와 노인보다는 청년과 중년이, 블루칼라(생산직)보다는 화이트칼라(사무직)가, 저학력자보다는 고학력자가 더 많이 '주연'으로 등장했습니다. 미디어를 통해 타인에게 이해와 공감을 받는 일에서조차 빈익빈 부익부, 즉 양극화 현상이 나타난 거예요.

지난 수년간 저를 비롯한 많은 미디어 평론가는 '미디어에 더 다양한 이들의 목소리를 담아낼 필요가 있다'고 주장해 왔습니다. 우리가 생활하는 실제 세계는 아주 다양한 사람들이 함께 살아가는 공간인데, 미디어를 통해 반복적으로 대변된 입장은 그 세계의 극히 일부에 불과했기 때문이죠.

21세기를 사는 우리는 수많은 'n개'의 스크린에 끊임없이 노출돼요. 이 스크린들에서 '미디어 콘텐츠가 세계를 묘사하는 방식'은 세상을 바라보는 우리의 이해에 지대한 영향을 끼칩니다. 미디어가 주류 집단의 목소리만을 더 자주, 더 크게 반영한다면 우리 또한 알아채지 못하는 사이에 주류 집단만을 더 많이 이해하게 되죠. 우리가 살아가는 실제 세계와 그 안에서 함께 지내는 구성원들에 대한 이해를 높이기 위해서라도, 미디어는 더 다양한 이들의 목소리를 담아내야 합니다.

다양성을 갖추라는 요구는 꾸준히 제기됐지만, 영화나 드라마 등의 미디어 콘텐츠 제작자들이 그 요구를 늘 충실히 반영한 건 아닙니다. 백인 남성 위주의 주인공 집단 안에 '고명'(다 된 음식 위에 약간 얹거나 뿌리는 것)처럼 흑인이나 아시아인 조연을 끼워 넣곤 생색을 내거나, 어쩌다가 한번 여성을 주인공으로 내세운 작품을 만들고는 "이것이 페미니즘 시대정신의 반영이다!"라며 우기는 경우가 잦았죠.

이렇게 사회적 소수자 집단의 구성원을 '구색 갖추기식'으로 극소수 끼워 넣고는 '다양성을 확보하기 위한 노력의 일환'이라 주장하며 더 큰 차별을 감추려는 행동을 가리켜 영미권 다문화국가에선 '토크니즘'tokenism이라고 부릅니다. 정당한 권리를 주장하는 이들을 향해 "너희 몫으로 토큰(동전) 몇 개 던져 줄 테니, 이제 조용히 있어!"라고 말하는 것과 다름없다는 지적이죠. 미디어산업 또한 더 다양한 목소리를 담아내라는 요구를 줄기차게 받아 왔으면서도, 토크니즘으로 회피해 온 측면이 있고요.

PC '묻었다'고?
묻힐 게 아니라 푹 담가야

디즈니플러스 마블 드라마는 그동안 서사의 중심에 서지 못했던 동유럽 출신의 고아 소녀, 전쟁 영웅임에도 피부색 때문에 길거리에서 불심검문을 당하는 흑인 남성, 늘 사고만 치고 다니는 적국 출신의 입양아 등을 이야기 전면에 내세우고 제 목소리로 얘기할 충분한 시간을 보장해 줌으로써 이와 같은 토크니즘의 의혹에서 벗어날 수 있었어요.

그런데 '충분한 러닝타임'만이 다양성 확보의 방법일까요? 저는 시간뿐 아니라 미디어가 비추는 이들의 '머릿수'도 많아져야 한다고 생각합니다. 예를 들어 볼까요? Mnet의 힙합 서바이벌 프로그램인 〈쇼 미 더 머니〉 시리즈(2012~)와 〈고등래퍼〉 시리즈(2017~)를 한번 비교해 볼게요. 〈쇼 미 더 머니〉의 참가자는 대부분 성인이었는데 간혹 고등학생 참가자가 등장하면, 그가 하는 모든 행동은 '고등학생'이라는 필터를 거치곤 했어요. 무대에서 실수하면 '아직 어려서 무대의 중압감을 이기지 못한 것'으로 해석되었고, 빼어난 실력을 보여 주면 '고등학생이라는 게 믿기지 않는 실력'이란 식의 평을 받기 일쑤였죠. 참가자 개개인의 실력이나 생각, 개성이 모두 '고등학생'이라는 집단을 대변하는 듯한 착시현상이 생긴 겁니다.

하지만 참가자 전원이 고등학생 또는 탈학교 청소년으로 구성된 〈고등래퍼〉가 등장한 이후에는 이야기가 사뭇 달라졌습니다. 같은 나이집단 안에서도 명상적인 가사로 청중을 사로잡은 김하온(HAON) 같은 사람이 있는가 하면, 그와 대조를 이루며 우울과 자기파괴 충동을 토로한 이병재(빈첸) 같은 사람도 있고, 압도적인 톤과 플로우flow에다 특유의 유머 감각으로 모두를 매료한 이영지 같은 사람도 있다는 사실을 알게 된 거죠. 더 많은 '고등학생'의 이야기를 듣게 되면서 사람들은 고등학생도 제각기 다른 개성과 목소리를 지닌다는 점을 깨달았어요.

최근 SBS가 선보인 예능 프로그램 〈골 때리는 그녀들〉(2021~) 또한 접근 방식이 비슷합니다. 축구에 관심 있는 여자 연예인들이 팀을 꾸려서 'SBS 사장배 여자축구 대회'를 열고 리그전을 벌인다는 내용의 〈골 때리는 그녀들〉은, 고정으로 출연하는 여자 연예인만 총 6개 팀 37명에 이르는 '블록버스터'예요.

만약 다른 스포츠 예능들처럼 여자축구 1개 팀을 만들어 '사회인 스포츠단'과 경쟁하는 내용으로 프로그램을 꾸렸다면, 이 한 팀의 어깨 위에 '운동하는 여자들'을 모두 대변해야 한다는 무게감이 실렸을 겁니다. 근력을 키우는 데 남자보다 불리한 면이 있다는 점부터, 그럼에도 당당하고 멋있게 경기하는 모습까지 이 한 팀이 다 보여 줘야 했겠죠.

하지만 '충분한 머릿수'를 확보한 덕에, 여기서 축구하는 여자 연예인들은 그 누구도 "여자치고 공을 잘 차네." 혹은 "역시 여자라서 서툴러." 같은 소리를 듣지 않아요. 같은 프로그램 안에도 압도적인 기량을 자랑하는 '절대자' 박선영 같은 선수가 있는가 하면, 노력한 만큼 성과가 나오지 않아 속상해하는 '송가락'(송+아픈 손가락) 송은영 같은 선수도 있고, 지난 시즌의 충격적인 패배를 딛고 일어서고자 이 악물고 팀을 독려하는 '악바리' 한혜진 같은 선수도 있는 겁니다. 저마다 누군가를 대변할 필요 없이 자신의 목소리만 내도 충분한 환경을 마련한 덕분에, 우리는 축구하는 여자 연예인들의 이야기를 더 풍성하고 입체적으로 이해할 수 있어요.

요즘 온라인상에선 "(작품에) **PC** 묻었네."라는 표현을 꽤 자주 접할 수 있습니다. 왜 '묻었다'는 식으로 표현하냐고요? 영화나 드라마에서 '우리 작품은 다양성을 반영해 만들었다'고 주장하기 위해 사회적 소수자 캐릭터를 '토큰'처럼 끼워 넣은 점을 비아냥거리는 표현이거든요. 그래서 소수자 캐릭터를 더 많이 넣자고 주장하는 것이라면 좋겠는데, 그 표현을 즐겨 쓰는 사람들의 대다수는 오히려 '끼워 넣은 것' 자체를 빈

PC
'Political Correctness', 정치적 올바름의 줄임말. 일상 속 언어나 작품 속 표현에 인종·민족·언어·종교·성에 따른 차별과 편견이 포함되지 않아야 한다는 주장을 말함.

정거립니다. 소수자 캐릭터 같은 거 끼워 넣지 말고, 그냥 예전처럼 만들자는 주장인 셈이죠. 이런 주장을 하는 사람들은 대부분 자신이 소수자였던 경험이 없는 사람들이에요.

소수자의 목소리를 담아내려는 노력을 비웃는 사람들에게 동의하진 않지만, '묻었다'는 표현만큼은 절묘하게 맞는 구석이 있습니다. 아직 충분히 많지 않거든요. 고작 '묻'혀서야 되겠어요? 우리가 살아가는 세계를 더 높은 해상도로 이해하려면, 묻히는 수준이 아니라 푹 담가야 합니다. 더 많은 이의 이야기를, 더 오래 듣는 방식으로 말입니다.

4장

참여

더 이상
 '두고 보기'만

할 수 없다면

케이팝과
인종차별이 ✳
무슨 상관인데?

최근 우연한 계기로 데이브^{Dave}라는 영국 래퍼를 알게 되었습니다. 런던의 나이지리아계 이민자 가정에서 태어난 1998년생 래퍼죠. 데이브는 이제 데뷔 6년 차가 되었지만, 벌써 영국에선 가장 영향력 있는 뮤지션 중 한 명으로 꼽힌다고 해요. 놀랄 만큼 솔직하고 적나라한 사회 비판과 자아성찰적인 가사 덕분입니다. 특히 2019년에 발표한 곡 〈블랙^{Black}〉은 '흑인'으로 살아간다는 것이 어떤 의미인지를 담담하지만 날카로운 어조로 담아내 화제가 되기도 했죠.

제 부족한 영어 실력을 총동원해 더듬더듬 가사를 짚어 가며 노래를 듣다가 유독 한 대목이 오랫동안 머릿속에 달라붙어 떨어지지 않았어요. 여기에 한번 옮겨 적어 볼게요.

흑인으로 산다는 건 참으로 혼란스러운 일.

왜냐하면 다들 우리 문화는 사랑하거든.

(하지만) 자신들이 즐겁고 싶을 땐

우리 문화를 가져가서 즐기는 사람들이,

우리가 흑인이라서 당하는 일들에 대해선

하나도 도우려 하지 않으니.

우리가 웃을 땐 함께 시끄럽게 웃으면서,

우리가 고통받을 땐 모두 침묵하지.

Black is so confusin', 'cause the culture? They're in love with it.

They take our features when they want and have their fun with it.

Never seem to help with all the things we know would come with it.

Loud in our laughter, silent in our sufferin'.

정곡을 찌르는 가사구나 싶었습니다. 그도 그럴 것이 20세기 이후 전 세계로 퍼져 나간 대중문화의 상당 부분은 흑인들이 이루어 낸 것이거든요. 특히 음악은 더더욱 그렇죠. '흑인음악'이라고 하면 먼저 떠오르는 힙합과 R&B뿐 아니라 재즈·블루스·스윙·솔, 심지어 지금 백인들의 장르로 여겨지는 컨트리·로큰롤조차도 모두 흑인음악에 뿌리를 두고 있어요. 영미권을 중심으로 전 세계에 퍼져 나간 핵심적인 음악 장르는 전부 흑인음악에 근원을 두고 있다고 말해도 과언이 아닙니다.

그러니 "자신들이 즐겁고 싶을 땐 우리 문화를 가져가 즐기는 사람들이, 우리가 흑인이라 당하는 일들에 대해선 하나도 도우려 하지 않"는다는 가사를 들으며 가슴 한쪽이 뜨끔한 사람이 많았을 거예요. 영화 〈블랙 팬서〉(2018)에 환호하고, 농구선수 마이클 조던과 권투선수 무하마드 알리에게 열광하고, 마이클 잭슨부터 켄드릭 라마에 이르는 흑인 뮤지션들의 노래를 들으며 즐거워하는 이들 중에도 인종차별 문제엔 여전히 소극적이거나 지극히 방어적인 자세를 취하는 사람이 많을 테니까요.

케이팝이 흑인 문화에 빚진 게
뭐냐고 묻는다면

한국의 '케이팝'K-pop 또한 따져 보면 흑인음악에 기반을 두고 있어요. 현재 케이팝계의 흥행에 발판이 된 가수·작곡가·프로듀서 (대표적으로 서태지, 이현도, 양현석, 박진영, 유영진 등)는 모두 당대 미국에서 유행하던 흑인음악 장르인 힙합, 갱스터 랩, R&B, 펑크, 뉴잭스윙 등을 한국적으로 재해석하려고 노력했거든요.

케이팝 가수의 미국 시장 진출 사례를 봐도 흑인음악의 영향이 여실히 드러납니다. 미국의 1960~1980년대 흑인음악을 재해석한 '레트로 3부작' 〈텔 미Tell Me〉(2007)·〈소 핫So Hot〉(2008)·〈노바

디^{Nobody}⟩(2008)로 미국 진출에 도전한 원더걸스부터, 자기 고백적 힙합 트랙으로 지구에서 가장 유명한 보이그룹으로 거듭난 BTS에 이르기까지, 흑인음악이 없었다면 지금의 케이팝도 존재하지 않았을 거예요.

2020년 **조지 플로이드**^{George Floyd}**의 죽음**으로 인해 인종차별 철폐 시위 'Black Lives Matter'(흑인의 삶도 소중하다, 이하 'BLM') 운동이 촉발되었을 때, 해외 케이팝 팬들은 팬클럽의 이름을 걸고 운동에 참여하는 한편, 한국 가수들에게 운동에 지지를 보내 줄 것을 요구하는 댓글과 메시지를 남겼어요. 저는 이게 말이 된다고 봤습니다. 어떤 분들은 '미국에서 벌어지는 인종 갈등에 왜 한국 뮤지션이 발언해야 하느냐'고 생각할지도 모르겠습니다만, 케이팝은 흑인들의 문화를 한국식으로 변용해 성공을 거두었잖아요? 직접적으로 빚을 진 건 없다고 해도 전체 장르적인 측면에서는 한국 대중음악계가 이들에게 빚진 셈이죠. 언제나 그렇듯, 빚은 갚을 기회가 있을 때 갚는 게 좋습니다.

더구나 케이팝 뮤지션들의 활동 영역은 이제 한국 시장에 머물지 않아요. 신곡 뮤직비디오가 유튜브를 통해 공개되면 전 세계 팬

조지 플로이드의 죽음

아프리카계 미국인 조지 플로이드가 위조지폐 사용 혐의로 체포되는 과정에서 경찰의 과잉진압으로 사망한 사건. 백인 경찰이 무릎으로 자신의 목을 짓누르자 '숨을 쉬기 어렵다'고 여러 차례 호소했으나 경찰은 그가 질식해 죽을 때까지 무릎을 떼지 않았음. 많은 이들이 이를 백인 중심 사회의 오랜 인종차별이 낳은 가해로 보고 크게 분노했음.

들이 함께 감상하고, 나라마다 자국어로 케이팝 이야기를 나누는 '포럼'forum이 활성화된 시대죠. 다시 말해 2020년대 한국의 케이팝 아티스트들은 좋든 싫든 전 세계에서 일어나는 일에 관심을 두고, 그에 걸맞게 행동해야 하는 상황을 맞이했습니다. 세계와 문화로 '교류'한다는 것이 일방적으로 한국 문화를 수출한다는 뜻이 아니라, 세계의 이슈에 '응답'하며 소통한다는 의미라면 말입니다.

내 '최애'의 정치적 발언이
어색하겠지만

한국 팬들은 이런 상황이 좀 당황스러울 법도 해요. 전통적으로 한국 연예인들은 정치적 발언을 잘 하지 않는 편이니까요. 정부 수립 이래 70여 년 동안 한국은 늘 정치적으로 양극화되어 있었습니다. 그런 나라에서 탈 없이 연예계 활동을 지속하려면 정치적 소신을 접어 두는 쪽이 아무래도 유리했겠죠. 물론 2000년대 들어 영화계를 중심으로 정치적 소신을 밝히는 이들이 속속 등장했습니다만, 아직 불이익을 걱정해 발언을 삼가는 연예인이 훨씬 더 많아요. 특히 소속 기획사의 강력한 통제와 영향력 아래 활동하는 케이팝 아이돌이 정치적 목소리를 내는 일은 많지 않습니다.

해외 팬들은 영향력 있는 인사가 'BLM' 운동을 지지해 주길 바라는 마음에서 케이팝 아티스트들에게 지지를 호소했겠지만, 한국적 맥락을 이해하는 국내 팬 입장에선 그 호소가 당혹스러웠을지도 모르겠네요. 혹시라도 내 '최애'가 정치적인 발언을 했다가 불이익당하면 어쩌나 하는 걱정도 있었을 테고요. 실제로 일부 국내 팬은 "할 생각이 들면 알아서 지지 발언을 하겠지. 맡겨 놓은 물건 찾으러 온 것도 아니고, 떼로 몰려와 팬 포럼 게시판을 도배하면서 지지를 종용하는 건 결례 아니냐."라며 불쾌감을 숨기지 못했습니다. 인터넷에서 논란이 될 만한 소식들을 모아 유통하는 한 유사 언론사는, 이렇게 불쾌감을 호소하는 일부 한국 팬의 반응만을 엮어 마치 그것이 대다수의 의견인 양 포장하는 기사를 게재하기도 했죠.

하지만 일부 팬의 불만이나 유사 언론의 호들갑과 달리, 한국과 해외를 오가며 활동하는 케이팝 아티스트 가운데 상당수가 이와 같은 해외 케이팝 팬들의 요청에 선뜻 응답했답니다. 티파니 영, 박재범, 싸이, CL 등의 아티스트는 한국어와 영어로 'BLM' 운동에 지지를 표명하고 팬들에게도 지지를 독려했어요. 엠버는 아예 직접 집회에 나가 행진하며 찍은 영상을 SNS에 올렸죠. BTS 또한 'BLM' 운동 단체에 100만 달러(약 12억 원)를 기부했습니다. 그들의 팬덤인 '아미'ARMY도 액수를 맞춰 100만 달러를 모금해 관련 단체에 기부했고요.

이 아티스트들의 면면을 자세히 살펴보면 조금 의미심장한 구석이 있죠? 티파니 영과 박재범(한국계 미국인), 엠버(대만계 미국인),

CL(한국과 일본, 프랑스를 오가며 성장)처럼 일찌감치 지지 선언을 한 아티스트들의 상당수는 유년 시절에 다양한 정체성의 중첩을 경험하며 성장했다는 공통점을 지녀요.

이들은 남들과 피부색이나 국적이 다르다는 이유로 차별당한다는 게 어떤 의미인지 알고, 그래서 지금 흑인들이 당하고 있는 일이 결코 '남의 일'이 될 수 없단 사실도 잘 이해하는 아티스트입니다. 대한민국이라는 '국가'는 인종차별 문제에 다소 무심하게 대처할 수 있을지 몰라도, 이처럼 저마다 다양한 배경과 정체성을 지닌 사람들이 모여 활동하는 '케이팝계'는 이미 그 이슈가 남의 일이 아닌 셈이에요.

가장 소중한 것으로
옳은 싸움에 연대하다

한편 케이팝 팬들은 예상치 못한 방식으로 'BLM' 운동에 이바지하기도 했어요. 미국 텍사스주의 댈러스경찰청은 'BLM' 시위가 한창일 때 참가자를 체포하려는 목적으로, SNS에 제보를 독려했습니다. '참가자들의 얼굴이 나온 동영상을 찍어 전용 앱을 통해 익명 제보해 달라'는 거였죠. 하지만 이 앱이 시위를 폭력적으로 진압하는 경찰의 행위를 정당화하고 운동을 무너뜨리는 데 이용될 것이란 사실을 간파한 사람들은, 경찰의 목적과 상관없는 동영상을 대량으로 투하해 앱 시스템 자체를 마비시키려 했어요. 해커들의 디도스^{DDoS} 공격과 유사한 전략이었답니다.

해시태그
트위터 등 소셜미디어에서 사용하는 것으로, '#' 기호 뒤에 특정 단어를 쓰면 그 단어에 대한 글만 모아서 따로 볼 수 있음.

그 '영상 투하 작전'에 적극적으로 동참한 이들이 바로 해외 케이팝 팬이에요. 팬들이 고이 소장하고 있던 '최애'의 직캠과 GIF 파일을 무더기로 보낸 결과, 마침내 댈러스경찰청이 앱 사용을 포기하는 데 이르렀죠.

해시태그^{hashtag} 운동은 또 어떻고요? 조지 플로이드의 죽음으로 'BLM' 운동이 일어나자 케이팝 팬들은 '#BLM' 해시태그가 묻힐까 봐, 평소에 올리던 케이팝 관련 해시태그 사용을 자제했습니다. 더 긴급한 이슈가 화제로 올라야 한다는 걸 깨닫고 조용히 자리를 양보한 거예요.

반면에 'BLM' 운동을 반대하는 백인우월주의자들이 '#WhiteOutWednesday' 해시태그와 하얀색 사진을 올려 대자, 케이팝 팬들은 같은 해시태그를 달고 다시 자기 최애 사진으로 타임라인을 뒤덮기 시작했어요. '#WhiteOutWednesday'이란, 인종차별 철폐를 촉구하며 타임라인을 검은색 사진과 '#BlackOutTuesday'라는 해시태그로 도배한 것에 대한 악의적 패러디였거든요. 인종차별적인 메시지를 담은 흰색 사진들이 이어질 것으로 기대하며 해시태그 '#WhiteOutWednesday'를 클릭한 사람들은 케이팝 팬들이 올린 알록달록 빛나는 온갖 최애 사진 앞에서 좌절하고 말았답니다.

케이팝 아티스트와 팬들의 이와 같은 정치적 움직임을 여전히 안 좋게 보는 분이 있을 겁니다. 연예인의 사회참여와 소신 발언을 못마땅하게 바라보는 한국 특유의 보수적인 분위기 탓도 있을 것이고, 미국 내 한인 사회와 흑인 커뮤니티 간의 갈등을 이야기하면서 '흑인들도 아시아인을 차별하지 않았느냐'고 말하는 분도 있을 테죠. 한편으로 한국 연예인들은 상대적으로 발언하기에 안전한 이슈에만 목소리를 내고 '국내의 빈부 격차와 계급 문제, 성소수자 문제, 우리의 인종차별 문제' 같은 민감한 이슈엔 침묵한다는 지적도 나옵니다. 마지막 지적은 귀담아들어야 마땅해요.

그러나 앞서 말한 것처럼, 한국의 대중문화가 한국 안에만 머물러 있던 시기는 이제 끝났습니다. 한국의 대중문화는 세계의 일부로서, 나아가 전 세계 사람들이 함께 즐기는 장르의 발원지로서 세계가 던지는 질문에 답하지 않을 수 없는 순간을 맞이했어요. 기왕 그렇게 됐다면 '케이팝'의 이름이 옳은 싸움에 연대해 '함께 싸운 존재'로 기억되는 것이 모두를 위해 더 나은 일 아닐까요? 앞에 소개한 데이브의 〈블랙〉 가사를 듣고 느낄 창피함도 그래야 조금은 줄어들지 모릅니다. 이들이 웃을 때 함께 시끄럽게 웃고, 이들이 고통받을 때 침묵하지 않으면서 말이죠.

정당한
'시민운동'일까,
'마녀사냥'일까?

웹툰을 즐겨 보는 사람들에게 2020년 여름은 여러모로 심란한 일들이 많은 계절이었습니다. 웹툰 속 부적절한 표현이나 내용 전개로 인한 논란이 두 건이나 있었거든요.

먼저 8월에 논란이 된 작품은 작가 기안84가 네이버 웹툰에 연재했던 〈복학왕〉(2014~2021)이었습니다. 작품 속 여성 캐릭터 '봉지은'이 대기업 기안그룹에 취업하는 과정을 그린 에피소드에 등장한 내용들이 다분히 여성혐오적이라는 지적이 있었어요. 봉지은은 인턴십에 합격하기엔 업무 능력이 턱없이 부족한 인물로 묘사되는데, 어쩐 일인지 합격을 거머쥡니다. 어떻게 된 일일까요? 작품은 봉지은이 인턴십 최종 합격을 위해 40대 노총각 팀장과 모종의 육체적 관계를 맺었다는 걸 암시하는 장면을 보여 줘요. 이를

175

두고 구직에 나선 여성이 처한 현실을 심각하게 왜곡하고 모독한 전개라고 지적한 이들이 많았습니다. 그러나 이에 대한 작가의 해명은 충분치 않았고, 결국 〈복학왕〉 연재 중단을 요구하는 청와대 국민 청원이 올라오는 지경에 이르렀죠.

그 무렵 웹툰 〈신과 함께〉(2010~2012)로 유명한 작가 주호민이 트위치 개인 방송에서 '시민 독재'라는 말을 사용해 논란이 일기도 했어요. '과거엔 국가가 창작 활동을 검열했다면 이제는 독자들이 검열의 주체가 되고 있다'는 요지의 발언이었습니다. 논란이 커지자 주호민은 발언을 취소하고 사과하며 '아무리 표현의 자유가 보장되어 있다고 해도 인권을 침해하는 작품을 그려선 안 된다'는 입장을 밝혔죠. 그러면서도 독자들의 집단행동이 계속되는 풍토 속에, 창작자로서 누려 온 표현의 자유가 점점 더 위축되어 가는 것 같다는 우려는 거두지 않았고요.

'안티 조선 운동'에서
'미투 운동'까지

주호민 작가의 우려는 정당한 걸까요? 여기에 답하기 전에 먼저 한 가지 살펴볼 것이 있습니다. 최근 해외 기사 등에서 '캔슬 컬처'cancel culture라는 말이 자주 보입니다. 오스트레일리아에서 가장 공신력 있는 『매쿼리 사전Macquarie Dictionary』이 2019년 '올해의 단어'로 선정하기도 했죠.

캔슬 컬처는 '일반적으로 용납될 수 없거나 그릇된 것으로 여겨지는 발언에 대한 집단적 저항'을 뜻해요. #MeToo('미투', 나도 성폭력 피해를 고발한다는 뜻) 운동을 통해 가해자로 지목된 권력자와 유명인에게 사회적 제재를 가하는 일부터, 소셜미디어에서 논란이 될 만한 발언이나 행동을 한 사람에게 사과를 요구하는 일까지 두루 칭하는 말입니다.

한국의 캔슬 컬처 사례를 살펴볼까요? 1990년대 말부터 2010년대 초반까지 펼쳐진 '안티 조선 운동'이 그 초기 사례라고 볼 수 있어요. '거대 족벌 언론이 자신들의 정파성에 맞춰 공론의 장을 왜곡한다'는 데 문제의식을 느낀 시민사회가, 개중 가장 규모가 큰 《조선일보》를 조직적으로 견제한 운동입니다. 처음에는 《조선일보》를 읽지 말고 인용하지도 말며 거기에 기고하지도 말자는 운동으로 시작해, 나중엔 《조선일보》에 지면 광고를 싣는 광고주들을 압박하는 상황까지 갔죠. 이때만 해도 《조선일보》 정도의 영향력을 지닌 매체는 그 덩치가 대단했고, 시민 한 사람 한 사람의 힘은 미약하던 시절이었어요.

하지만 레거시 미디어^{legacy media}(TV, 라디오, 신문 등 기성 언론)의 세력이 약해지고 '1인 미디어'가 본격적으로 힘을 키운 2010년대 중후반부터는 한 명의 유튜버, 한 명의 웹툰 작가, 한 명의 인플루언서가 때로 《조선일보》만큼 강력한 영향력을 발휘할 수 있게 됐

습니다. 좋은 영향이든 나쁜 영향이든, 개인의 발언이 사회 전체에 미치는 효과가 아주 커진 거예요. 자연스레 집단행동으로 견제하는 대상 또한 거대 매체에서 개인으로 옮겨 갔죠.

이처럼 상대의 덩치는 줄어들었지만, 여러 시민이 조직된 힘으로 압력을 행사하는 캔슬 컬처의 문법은 고스란히 유지됐어요. 더구나 소셜미디어와 해시태그의 전파력 때문에 운동이 조직되고 퍼지는 속도가 과거보다 훨씬 빨라졌습니다. 갈수록 살벌한 풍경이 펼쳐지는 건 어쩔 수 없는 결과일까요? 이런 맥락을 고려하면 앞에서 인용한 주호민 작가의 우려가 아주 근거 없지만은 않아요.

'캔슬'되기 전에
대화에 임했다면

지난 몇 년간 벌어진 사례들을 살펴보면 캔슬 컬처가 시민운동의 자리를 빠른 속도로 대체하고 있음을 알 수 있습니다. 2015년엔 팟캐스트에서 여성과 장애인을 비하한 개그맨 장동민·유세윤·유상무에게 시민들이 항의하며 사과와 자숙을 요구한 일이 있었고요. 2016년에는 남성 네티즌들이 페미니즘 관련 발언을 한 성우·웹툰 작가·소설가 등을 향해 '남성 혐오자'라며 그들을 해고하거나 활동을 중단시키라는 '예스 컷 운동'을 전개한 바 있죠.

누군가는 캔슬 컬처를 '평범한 시민들의 발언에 힘을 실어 주는 운동 수단'으로 평가하지만, 또 누군가는 '온라인에서 벌어지는 마녀사냥'이라고 보기도 합니다. 저 또한 우려가 커요. 서로 생각을 가늠하며 대화로 이견을 좁혀 나가거나 상대를 설득할 가능성은 사라져 버리고, 그 자리에 '너 마음에 안 들어! 캔슬할 거야!'라는 행동이 곧장 들어서기 쉽잖아요. 나 자신이 누군가를 심판할 힘을 손에 쥐었다는 권력 획득의 즐거움과, 타인을 비판하며 도덕적 우월감을 확인하는 자기 효능감까지 채워 주니, 공들여 대화에 나서는 수고로움 대신 쉽고 빠른 캔슬 컬처를 택하는 이는 더 늘어날 테고요.

그런데 상황이 여기까지 오게 된 책임이 과연 캔슬 컬처 참여자에게만 있는 걸까요? 저는 비판의 대상이 된 이들이 제때 대화에 나섰다면 상황은 사뭇 달라졌으리라 생각합니다. 결국 '시민'의 자격으로 비판을 가할 때는 진지한 대화 의지나 피드백을 보여 주지 않던 이들이, '소비자'의 힘을 과시하며 집단행동을 통해 문제를 키워야 비로소 대화의 장에 나오는 일이 반복된 결과가 오늘의 캔슬 컬처인 건 아닐까요?

2020년 10월, 아이돌그룹 블랙핑크의 〈러브식 걸스Lovesick Girls〉 뮤직비디오가 논란이 된 일이 있습니다. 처음 공개된 뮤직비디오에서 블랙핑크의 멤버 제니는 몸에 착 달라붙는 짧은 원피스 모양의 간호사 복장에 빨간 하이힐을 신고 등장했습니다. '간호사 복장'이라고 적었습니다만, 실제 간호사 중에 저런 차림으로 근무하는 사람은 없죠. 환자를 보살피느라 바삐 뛰어다녀야 하는 직업인걸요. 보통 이런 복장은 대중문화 작품에서 간호사들을 성적性的으로 대상화할 때 자주 등장하는 차림입니다.

뮤직비디오 공개 직후에 간호사 단체와 네티즌의 항의가 이어졌습니다. 하지만 블랙핑크의 소속사인 YG엔터테인먼트는 그런 항의를 '뮤직비디오를 독립적인 예술 작품으로 인정하지 않는 사람들이나 하는 소리' 정도로 인식한 입장문을 발표했어요. "특정한 의도는 전혀 없었으나 왜곡된 시선이 쏟아지는 것에 우려를 표한다."라는 말에선 억울함마저 느껴졌죠. 대한간호협회가 재차 나서 '사회적 책임을 무겁게 느껴야 한다'는 요지의 반박문을 발표하고, 여당인 더불어민주당 최고위원회의에서도 상황을 질타하는 지경에 이르러서야 YG 측은 "무거운 책임감을 느끼며 깊이 깨닫는 계기로 삼겠다."라며 문제가 된 장면을 교체하겠다는 뜻을 밝혔답니다.

이는 그보다 약 4개월 전에 발표된 같은 그룹의 곡 〈하우 유 라이크 댓How You Like That〉 뮤직비디오의 사례와 매우 대조적입니다. 이 뮤직비디오에서 가네샤 신상神像이 (힌두교 신앙에 따르면 몹시 불경하게도) 멤버 발치에 아무렇게나 놓인 장면에 대해 인도 팬들이 항의한 일이 있었거든요. 그때 YG 측은 '의도하지 않은 실수'라고 빠르게 해명하며 사과하고 수정 영상을 공개했습니다.

같은 해에 벌어진, 같은 그룹의 뮤직비디오 속 논란에 같은 소속사의 대처가 다른 이유는 무엇 때문일까요? 혹시 '간호사 복장에 불편함을 느끼는 한국 네티즌'과 '자신들의 신앙 체계가 모욕당했다고 항의하는 인도 시장'이 자신들의 돈벌이에 끼칠 영향을 저울질하고 나서, 후자가 초래할 손해가 더 크다고 판단했기에 더 빠르게 움직인 건 아닐까요?

〈복학왕〉 논란과 〈러브식 걸스〉 논란 사이, 2020년 9월에 삭 작가의 웹툰 〈헬퍼 2: 킬베로스〉(2016~)를 둘러싼 논란이 터졌을 때도 비슷한 사태가 전개됐습니다. 삭 작가는 작품에서 '처단해야 할 악인' 캐릭터들의 악행을 더 리얼하게 보여 주겠다는 이유로 폭력 묘사의 수위를 극한까지 끌어올렸습니다. 하지만 지나친 폭력 묘사가 스토리 전개에 도움이 되기보다는 오히려 자극만을 높여 '폭력을 엔터테인먼트의 수단으로 사용한다'는 독자들의 비판에 부닥치고 말았죠. 이에 삭 작가는 대화와 설명 또는 설득을 하는 대신, 비판하는 독자를 모티프로 삼은 '졸헤이터'라는 캐릭터를 등장시키는 식으로 조롱했어요. 졸헤이터는 '직접 무언가를 창작해 낼 능력은 없으면서 타인이 피땀 흘려 만든 창작물을 쉽게 비난하는 사람'을 상징했죠.

결국 〈헬퍼 2〉의 폭력 묘사에 문제의식을 느낀 남성 독자들이 최후의 수단으로 여성단체에 제보하며 연대를 요청하기에 이르렀고, 독자와 여성단체가 협력해 문제를 공론화하자 각종 언론에서도 〈헬퍼 2〉의 과도한 폭력성을 지적하는 기사가 나오기 시작했습니다. 그제야 삭 작가는 그간의 소통 부재에 대해 해명하고 작품 속 폭력 묘사에 관한 자신의 입장을 밝힌 뒤 휴재를 선언했죠. 문제가 커질 만큼 커진 뒤에야, 비로소 대화에 나선 겁니다.

소셜미디어에서 논쟁에 임하는 우리의 자세

저는 '불매운동'이나 '캔슬 컬처'보다는, 차분하고 중간 지대를 허용하는 형식의 논쟁이 훨씬 더 바람직하다고 믿어요. 소비자이자 구독자는 문제를 제기하더라도 자기 권능을 무기처럼 휘두르며 상대를 억압하는 일을 자제하고, 집단행동으로 압력을 가하는 건 그 외의 다른 대화를 시도할 수 없을 때만 제한적으로 이뤄져야 하겠죠. 이런 방식 또한 상대의 입을 완전히 닫게 하는 게 아니라 대화를 시작하는 것이 최종 목적이 돼야 할 테고요. 앞으로 소셜미디어에서 펼쳐지는 다양한 논쟁에 임할 때, 우리 모두 그 부분을 염두에 뒀으면 합니다.

하지만 그럴 수 있으려면 일단 대화할 공간을 마련하는 일이 먼저일 겁니다. 비판의 대상이 된 이들이 작은 사안에 관해서도 적극적으로 대화에 나서고, 필요하다면 자기 입장을 설명하기

불매운동
영어로는 '보이콧'boycott이라고 함. 특정 업체나 기관의 잘못에 항의하기 위한 수단으로, 거래를 끊거나 관련 상품의 구매 및 사용을 중단하는 소비자 운동.

위해 최선을 다하는 게 우선이어야 하지 않을까요?

자신을 향한 비판이 부당하다고 느낀다면 왜 그렇게 느끼는지, 비판을 받아들이지만 당장 수정하긴 어렵다면 왜 그런지, 반영할 부분이 있다면 앞으로 어떻게 반영할 것인지 등을 이성적으로 설명하고 논쟁할 기회가 생겨야 비판자들과 '대화'로 소통할 수 있습니다. 그렇지 않다면 집단행동으로 이어질 수밖에 없죠.

이성적인 논쟁을 원한다면 일단 대화에 응답해야 합니다. 이런 가능성이 증발한 곳에서는, 결국 해시태그를 펄럭이며 극한의 피아彼我(그와 나 또는 저편과 이편) 투쟁을 벌이는 일만이 반복될 수밖에 없지 않겠어요?

떨어져 있어도
같은 걸 ✳
보고 즐기는 우리

예전 같았으면 한창 블록버스터들로 극장가가 붐볐겠지만, 2020년 초부터는 그런 광경을 보기 어려워졌습니다. 코로나19로 인해 많은 영화가 제작 및 개봉을 미루고 있기 때문이죠. 설령 영화를 이미 다 만들어 뒀다고 한들, 극장에 관객이 없는 상황이니 섣불리 개봉하기 어려운 거예요. 그리고 요즘은 유튜브에서 신작 영화 소개 영상을 선보이는 영화 리뷰 유튜버들에게도 쉽지 않은 시기라고 해요. 새로운 영화가 많이 나와서 이야깃거리가 꾸준히 생산돼야 리뷰 영상의 수요도 생길 텐데, 지금 상황은 그렇지 못하니까요.

한국은 그나마 극장이 완전히 영업을 중단한 적은 없었습니다. 조금씩이라도 신작이 공개되었죠. 그러나 코로나19의 피해를 극심하게 입어 한때 극장들이 1년 넘게 영업을 중단했던 영어권 국가들은 어땠을까요? 최근 해외에서 활동하는 영화 리뷰 유튜버 사이에선 그간 다루지 않던 고전 작품이나 해외 영화를 소개하는 게 대세인 모양입니다. 이걸 보며 재밌다고 느낀 게 있어요. '고전'이라고 해서 〈시민 케인〉(오슨 웰스 감독, 1941)이나 〈워터프런트〉(엘리아 카잔 감독, 1954) 같은 작품을 다루는 게 아니라는 점이죠. 기껏 올라가 봐야 〈배트맨〉(팀 버턴 감독, 1989), 많이 가도 〈대부〉(프랜시스 포드 코폴라 감독, 1972) 정도를 고전으로 치는 것 같더라고요. 하긴 그 작품들도 발표된 지 30~40년이 지났으니 고전이라 불러도 틀린 말은 아닐 거에요.

영화 리뷰 유튜버를 제치고 등장한
영화 '리액션' 유튜버들

방금 새로 나온 영화들을 리뷰하고 분석하는 것만큼의 흥분이나 인기는 없을지라도, 최소한 단기간에 소재가 고갈돼 버릴 염려는 없으니 고전에 눈을 돌리는 건 당연한 방향일 겁니다. 고전처럼 풍성한 라이브러리가 또 없으니까요. 여기에 시야를 더 넓혀서 해외 영화까지 그 대상으로 삼으면 소재의 범위는 무한히 넓어지죠.

해외의 한 영화 리뷰 유튜버는 〈기생충〉(2019)의 아카데미상 4관왕을 계기로 봉준호 감독의 필모그래피를 역순으로 짚고는, 나아가 다른 한국 영화들을 소개하기 시작했습니다. 미야자키 하야오 감독의 작품 가운데 서구권에 가장 널리 알려진 〈모노노케 히메〉(1997)나 〈센과 치히로의 행방불명〉(2001)부터 한 편씩 '스튜디오 지브리'의 애니메이션을 리뷰하는 유튜버도 눈에 띄고요.

이처럼 유튜버들이 최신작이 아니라 비교적 예전 영화를 다루면서 구독자들의 영상 소비 패턴도 조금은 바뀐 듯해요. 예전엔 이름난 리뷰 유튜버가 신작 영화에 관해 자기 견해를 풀어 설명하는 영상이 구독자 사이에서 인기 있었다면, 최근 들어선 유명한 영화를 처음 보며 실시간 반응을 찍어 올리는 '리액션' 유튜버가 부쩍 인기를 끌고 있습니다. 물론 리액션 영상이라는 형식 자체가 영어권에선 전혀 새로운 게 아니에요. 새로 나온 뮤직비디오나 막 공개된 따끈따끈한 영화 예고편을 보면서 실시간 반응을 찍어 올리고 기대감을 표현하는 유튜버는 기존에도 많았죠.

어쩌면 여러분도 그런 영상을 본 적이 있을 거예요. 해외 유튜브 채널에 올라온 한국 영화 예고편 또는 케이팝 뮤직비디오 '리액션 영상'에다 우리말 자막을 달아 올리는 한국 유튜브 채널까지 있으니까요. 하지만 예전에는 리액션 대상이 뮤직비디오나 영화 예고편처럼 '나온 지 얼마 안 된 짧은' 영상이었다면, 최근 2~3년 사이엔 아예 나온 지 좀 오래된 영화를 통으로 감상하면서 반응을 찍어 영상을 올리는 유튜버가 등장했습니다. 〈스타워즈 에피소드 4: 새로운 희망〉(조지 루커스 감독, 1977)부터 순서대로 시리즈를 따라가며 리액션 영상을 올리거나, 〈라이언 일병 구하기〉(스티븐 스필버그 감독, 1998)를 보면서 23년 전 영화의 완성도에 감탄하는 유튜버들이죠. (물론 유튜브에 영화 전편 리액션 영상을 '통으로' 올렸다간 저작권 침해로 차단당할 테니 하이라이트만 편집해 올리지만요.) 이런 영화 리액션 유튜버 수는 최근 6개월 사이에 폭발적으로 증가했어요.

봐야 할 신작이
너무 많아 고통스럽다면

그처럼 영상 소비 패턴이 변화한 배경에는 어떤 요소들이 작용했을까요? 일단 넷플릭스를 비롯한 신흥 콘텐츠 사업자의 증가부터 짚어 볼 필요가 있습니다. 그렇지 않아도 2000년대 들어 HBO나 AMC, TNT 등 미국 케이블TV 채널에서 자체적으로 드라마 제작에 박차를 가하며 '봐야 할 콘텐츠'의 가짓수를 부쩍 늘려 놓은 마당에, 넷플릭스나 아마존프라임 같은 스트리밍 서비스의 대대적인 성공으로 '볼 프로그램과 영화'가 안방에 쏟아지는 속도는 더욱더 빨라졌죠.

지난 2년 사이에 출범한 해외 스트리밍 서비스만 따져 봐도 애플의 애플TV+와 월트디즈니컴퍼니의 디즈니플러스, 워너미디어의 HBO맥스, NBC유니버설의 피콕 등이 있어요. '자체 제작', '독점 콘텐츠'의 홍수가 일어난 셈입니다.

콘텐츠 생산이 점점 빨라지면서 봐야 할 프로그램이 너무 많이 쏟아지자 대중은 역설적으로 '무엇을 봐야 할지' 선택하는 일 자체를 피곤하게 여기기 시작했습니다. 선택지는 '적당히' 주어질 때나 즐겁지, 지나치게 많아지면 오히려 판단하기가 힘들어지니까요. 그래서 '이미 본 작품들 가운데 좋았던 작품'을 다시 보는, 보수적인 선택을 내리는 이들이 늘어났죠. 쏟아지는 신작의 무더기 속에서 어떤 걸 볼지 신중하게 고른 뒤에 시간과 기대감을 투자했다가 결국 실패의 경험을 하느니, 차라리 '무슨 맛인지 아는 작품'을 다시 보자는 겁니다. 실제로 2018~2019년 넷플릭스에서 사람들이 가장 많이 본 작품은 넷플릭스가 자체 제작한 콘텐츠가 아니라, 미국 NBC의 TV 시트콤 〈프렌즈〉(1994~2004)와 〈오피스〉(2005~2013)였다고 하네요.

유튜브 영상 소비 패턴의 변화도 비슷한 맥락으로 이해할 수 있어요. 리뷰 유튜버의 영상을 볼 때 사람들이 바라는 건 새 TV 쇼나 신작 영화의 '정보'입니다. 관람 전에 알고 보면 좋을 정보를 얻거나 기대치를 조정하기 위해, 혹은 관람 직후 남들은 어떻게 봤는지를 알아보기 위해 리뷰 영상을 찾아보니까요.

하지만 '리액션' 유튜버의 영상을 볼 때 사람들은 다른 것을 바랍니다. 관람 전의 사전 정보 획득이나 기대치 조정 같은 목적으로 리액션 영상을 보는 사람은 없죠. 영화를 안 보고 리액션 영상부터 봤다간 영화 본편을 조각조각 '스포'당할 텐데, 누가 그런 목적으로 리액션 영상을 보겠어요? 사람들이 리액션 영상에서 바라는 건 '공감대'일 거예요. '나는 이 작품 정말 즐겁게 봤는데 이 유튜버도 나와 같은 장면에서 웃고, 같은 장면에서 놀랄까?' 하며 공감을 기대하는 거죠.

혼자인 듯 혼자 아닌
공감대 '파티'

신규 콘텐츠의 홍수 덕에 리액션 유튜버가 등장할 수 있었다면, 본격적으로 리액션 유튜버가 증가한 이유는 코로나19로 인한 봉쇄가 준 '외로움'일 겁니다. 한국도 그랬지만 영국과 미국은 더더욱 오랫동안 코로나19 때문에 정상적인 사회생활이 어려웠잖아요. 코로나19의 타격을 심하게 입은 영국은 몇 달간 사회적 거리 두기를 넘어 강도 높은 봉쇄를 거쳤고, 전 국가적 봉쇄가 해제된 후에도 그 강도를 단계적으로 조정해 왔죠. 미국 또한 주요 도시가 오랜 기간 봉쇄에 들어가 정상적인 도시 기능이 이뤄지지 못했습니다.

당연히 이 기간에 극장들은 문을 열지 못했고, 공연이나 스포츠 이벤트도 모두 중단됐어요. 봉쇄 초창기에는 사람들이 서로서로 집에 머물러 있자고 독려하며 '이참에 그간 못 봤던 영화나 TV쇼를 몰아 보기라도 하자'는 말을 주고받았죠. 실제로 많은 사람이

그 시기를 각종 스트리밍 서비스에 올라와 있는 콘텐츠를 보는 것으로 견뎌 냈고요.

하지만 이것만으론 부족했습니다. 스트리밍 서비스가 극장의 '상영' 기능을 대체할 순 있어도 콘텐츠를 함께 보며 실시간으로 '반응'하는 관객들의 존재까지 대체하긴 어렵거든요. 같은 상영관 안에 앉은 관객들의 반응이 영화 관람에 얼마나 큰 영향을 미치는지는 여러분도 잘 알 거예요. 웃음과 슬픔, 공포, 스릴 등의 감정은 전염성이 높아서 옆 사람이 훌쩍이면 내 슬픔도 증폭되고 다른 이들이 웃으면 나도 같이 웃게 되는 법이죠. 거실에 설치된 대형 TV에다가 스트리밍 서비스를 연결한 다음, 친구들을 잔뜩 불러 모아 함께 보는 환경이라면 극장의 분위기를 어느 정도 재현할 수 있겠지만 그것도 한계가 있습니다. 게다가 코로나19 탓에 친구들을 물리적으로 만나는 일도 마음껏 할 수 없는 환경이라면, 더 말해 뭐하겠어요.

누군가와 영화를 보러 갈 때 우리가 기대하는 건 영화 자체만이 아니에요. 엔딩 크레디트가 올라간 뒤에 극장 문을 나서며 친구와 함께 "야, 그 장면 대단하지 않냐?" 같은 감상을 나누고 신나게 수다를 떠는 체험 또한 극장 나들이의 주요 요소죠.

최근 영화 리액션 유튜버가 대거 등장한 것은 바로 이 같은 이유 때문입니다. '영화 같이 보러 가는 동행'이 필요한 사람들이 느낀 외로움의 결과죠. 같은 장면에서 깜짝 놀라고, 같은 장면에서

잘 봐 놓고 딴소리

슬피 울고, 영화가 끝난 뒤에는 "그 장면 정말 끝내주더라." 하며 수다를 떨 동행 말이에요. 바로 같은 이유로, 최근엔 멀리 떨어져 있는 사람들과 실시간으로 넷플릭스를 같이 보며 채팅할 수 있는 구글 크롬 확장 프로그램 '넷플릭스 파티'나 그와 비슷한 기능을 제공하는 프로그램 '캐스트'^Kast 등이 관심을 끌고 있습니다. 국내 스트리밍 서비스 플랫폼 왓챠는 아예 이와 같은 기능을 정식 서비스 '왓챠 파티'로 선보이기도 했어요. 몸은 각자의 집에 떨어져 있다 해도 감상은 함께 나누고 싶은 사람들의 욕망을 겨냥한 거죠.

처음 TV가 대중화할 때만 해도 사람들은 '이제 모두 혼자서 콘텐츠를 보고 즐기는 시대가 될 것'이라고 생각했어요. 하지만 사람들은 혼자이기 싫어서 온라인 포럼에 드라마 감상평을 남기고 댓글로 실시간 시청 소감을 나누며 놀았습니다. 스트리밍 서비스가 급성장할 때도 마찬가지였죠. '남의 방해 없이 편한 시간, 편한 장소에서 콘텐츠를 시청할 수 있다'는 것을 스트리밍 서비스의 장점으로 들었지만, 그렇게 개인화된 체험을 할 때조차 우리는 넷플릭스 파티로 타인과 감상을 나누고 리액션 유튜버의 영상을 보며 '공감대'를 갈구합니다. 어쩌면 이것이, 콘텐츠가 주는 즐거움의 본질 아닐까요? 콘텐츠가 던져 주는 얘깃거리를 매개로 타인과 공감을 나누는 일, 우리는 혼자가 아니라는 걸 확인하는 바로 그 일 말입니다.

각자의
화면에 갇히지 ✳
않으려면

제가 TV를 보고 비평을 쓰기 시작한 2005년 무렵만 해도 TV 산업은 지금보다 훨씬 단순했어요. KBS1·KBS2·MBC·SBS, 네 개의 방송사 프로그램만 꾸준히 챙겨 보면 누구와도 TV를 소재 삼아 대화를 나누기 어렵지 않던 시절이었으니까요.

물론 그 시절에도 케이블 방송사가 있긴 했지만, 지상파 방송사의 영향력에 견줄 수는 없었습니다. tvN이 개국한 게 2006년의 일이고, Mnet 〈슈퍼스타K〉 시리즈의 시작은 2009년이었거든요. JTBC 등 종합편성채널은 2011년 말에나 등장했고요.

온라인 동영상 플랫폼도 오늘날만큼 위력적이진 않았습니다. 유튜브의 창업은 2005년이었으며, 같은 시기 아프리카TV는 지금과 다른 이름(W플레이어)으로 베타 서비스를 간신히 선보였어요.

이젠 TV 산업을 무섭게 위협하고 있는 넷플릭스 또한 2005년엔 우편으로 DVD를 대여해 주는 서비스에 불과했죠.

어느덧 16년이 지났군요. 상황은 완전히 달라졌습니다. 일단 'TV'란 무엇인지 그 경계 자체가 흐릿해졌어요. 우리는 지금 '멀티 스크린'의 시대를 살아갑니다. 데스크톱 컴퓨터, 노트북, 태블릿 PC, 스마트폰 등 '스크린'이 달린 물건이라면 무엇으로든 콘텐츠를 볼 수 있는 시대죠. 제대로 된 콘텐츠를 보려면 TV 앞에 앉아야 했던 시절과 달리, 이제 우리는 걸어 다니면서도 각종 영상 콘텐츠를 접할 수 있습니다.

무한대로 늘어난 콘텐츠, '무난'하지 않은 존재들의 등장

스크린 개수가 늘어난 만큼 영상 콘텐츠 생산자도 많아졌어요. 케이블 방송사의 약진과 종합편성채널의 등장만으로도 볼거리가 늘어났는데, 넷플릭스와 디즈니플러스 등 다양한 스트리밍 서비스가 생기면서 더 엄청나게 증가했죠. 여기에 더해 유튜브가 폭발적으로 성장하면서, 영상 콘텐츠 생산자의 수는 사실상 무한대로 늘어났고요.

영상 콘텐츠 플랫폼의 수가 급증한 건 좋은 일일까요, 나쁜 일일까요? 저는 단점보단 장점이 더 많다고 생각합니다. 일단 콘텐츠의 양이 증가하면서 그 완성도 함께 올라갔거든요. '갈수록 자극적인 콘텐츠가 더 많이 나오는 것 같다'고 걱정스레 투덜거리는 기성세대조차, 급증한 콘텐츠 경쟁 속에 개별 콘텐츠의 질적 완성도가 수직으로 상승했다는 점은 부인하기 힘들 거예요. 2000년대 초중반만 해도 한국은 장르물 드라마를 제대로 만들 줄 모르는 나라였고, 그래서 많은 시청자가 미국 드라마를 찾곤 했어요. 그에 비하면 세상이 참 많이 바뀌었죠.

완성도만 올라간 게 아닙니다. 다루는 이야기의 범위도 자연스레 함께 넓어졌어요. 제한된 편성 시간을 쪼개어 뉴스·드라마·예능·교양·다큐멘터리 등을 배치해야 하는 방송사는, 더 많은 사람에게 영향을 끼칠 만한 콘텐츠에 우선순위를 둡니다. 지상파 방송 채널만 존재하던 시절엔 다룰 수 있는 이야기가 한정될 수밖에 없었죠. 가능한 한 많은 사람을 만족하게 하려면, 아무래도 모두 쉽게 동의할 수 있는 무난한 이야기 위주로 흘러갈 테니까요.

그러는 바람에 사회적으로 '소수자'의 위치에 놓인 이들, 이를테면 장애인·성소수자·이주노동자 등의 이야기는 필요한 만큼 다뤄지지 않았습니다. 설령 그들의 이야기가 소개되더라도 대개 비장애인, 비성소수자, 한국에서 나고 자란 한국 국적 소지자처럼 사회의 다수를 이루는 사람의 관점에서 다뤄졌죠. '우리의 온정이 필요한 불쌍한 사람들'이라는 식의 접근이 주를 이뤘고요.

하지만 영상 콘텐츠 플랫폼의 급증으로 '제한된 편성 시간'이라는 개념 자체가 흐릿해지자 기존에 덜 중요하다고 치부되던 이야기도 어엿한 콘텐츠 주제로서 '시민권'을 얻게 되었어요. 기존의 방송broadcast이 무난하고 주류적인 내용으로 만든 프로그램을 '광범위한'broad 대중을 향해 '던지는'cast 방식이었다면, 유튜브와 스트리밍streaming 서비스는 더욱 세분화된 형식과 다양한 주제를 담은 영상 콘텐츠가 이를 필요로 하는 사람들을 찾아 '흘러가는'streaming 방식이니까요. 이제 영상 콘텐츠 소비자들은 예전처럼 '대중'이라는 단어로 뭉뚱그려지지 않죠.

영상 콘텐츠를 만드는 사람의 수, 영상 콘텐츠를 접하는 창구의 수, 영상 콘텐츠의 개수가 모두 증가한 상황에서 더는 불특정 다수를 만족시키기 위해 무난한 내용으로만 콘텐츠를 채울 필요가 없어진 거예요. 지금 우리는 시각장애인 유튜버 김한솔 씨가 운영하는 유튜브 채널 〈원샷한솔〉의 영상 콘텐츠를 통해 장애인들의 일상이 어떤지 그들의 관점에서 접할 수 있고, 〈박막례 할머니〉 등 여러 '실버(노년) 크리에이터'의 유튜브 채널을 통해 기존 미디어가 잘 다루지 않던 노인 인구의 삶을 더 가까이에서 볼 수 있어요.

유튜브뿐만이 아니에요. 트랜스 여성 마현이(이주영 분)와 아프리카계 혼혈인 김토니(크리스 라이언 분)가 나온 JTBC 드라마 〈이태원 클라쓰〉(2020)나 레즈비언 정서현(김서형 분)이 주인공이었던 tvN 드라마 〈마인〉(2021)처럼, 사회적 소수자들이 전면에 등장하는 프로그램도 속속 나타나고 있습니다. 예전엔 편성 우선순위에서 뒤로 밀렸거나, 무난하지 않다는 이유로 배제당했을 존재들의 관점과 목소리가 더 활발히 반영되기 시작한 거죠.

남들은 뭘 보고 듣고 사는지
알 수 없게 된 시대

각자 다른 취향과 관심사를 지닌 사람들에게 세분화된 콘텐츠를 제공할 수 있다는 것은 분명한 장점이고 진보입니다. 하지만 여기에는 밝은 면만 존재하진 않아요. 저마다 자신이 관심 있고 좋아하는 것들만 보다 보면, 나와 관심사가 다른 사람들은 무엇을 보고 듣고 생각하는지 알기 어려워지거든요.

이를테면 이런 식이에요. 항상 어머니는 제게 'KBS 일일드라마' 이야기를 꺼내는데, 해당 장르에 상대적으로 애정이 적은 저는 어머니가 무슨 말을 하는지 못 알아들을 때가 많아요. 반대로 제가 어머니께 유튜브 채널 〈피식대학〉 콘텐츠에 나오는 재벌 3세 캐릭터 '이호창'이나 〈빵송국〉이 선보이는 가상의 아이돌 '매드몬스터' 얘기를 하면, 어머니 역시 하나도 못 알아들으시겠죠. 단지 서로 취향이 다른 수준이 아니라 '이 콘텐츠를 왜 좋아하는지'에 대한 메커니즘조차 이해하기 힘든 수준이 된 거예요.

물론 제가 KBS 일일드라마의 매력을 알지 못하고, 어머니가 매드몬스터의 웃긴 지점을 모른다고 해서 큰일이 나진 않습니다. 그런데 이런 상황은 어떨까요? 소수자를 차별하고 조롱하길 즐기는 사람들이 그런 내용을 담은 유튜브 콘텐츠만 반복적으로 본다거나, 음모론을 좋아하는 사람들이 "지구는 사실 평평하다.", "코로나19 백신은 일루미나티Illuminati의 음모다." 같은 주장을 담은 뉴스만 골라서 소비하며 자기의 기존 관점을 강화하는 경우 말입니다.

예가 너무 극단적인 것 같다고요? 그렇다면 선호 정당, 정치 성향에 따라 각자 다른 유튜브 콘텐츠와 팟캐스트 뉴스쇼를 보고 들으며 서로 욕하기 바쁜 여당과 야당 지지자들은 어떤가요? 이제 우리는 그 어떤 희귀한 취향이나 독특한 사상도, 이를 충족하고 뒷받침해 줄 정보와 콘텐츠를 쉽게 찾을 수 있는 '**확증편향**의 시대'를 살게 됐습니다.

사회가 다원화할수록, 나와 다른 관점을 지닌 이들과 의견을 주고받으며 접점을 찾아 나가는 과정이 매우 중요합니다. 그 과정을 거쳐야 비로소 서로 지닌 생각의 차이를 이해하고, 이를 통해 내 생각과 관점을 재점검하며 공존을 꾀할 수 있죠. 하지만 뉴스부터 예능에 이르기까지 모두 내 입맛에 맞춘 콘텐츠만 소비하고 나와 비슷한 관점을 지닌 사람들하고만 교류하는 일이 가능해진 사회에서는, 그게 좀 어렵습니다. 결국 지금 내가 보고 듣는 것이 한정된 생각을 형성하니까요.

우리 일상의 기반은 갈수록 오프라

확증편향
원래 자기가 가지고 있던 생각이나 신념을 계속해서 다시 확인하려는 경향. '보고 싶은 것만 보고, 듣고 싶은 것만 듣는'다는 뜻.

인에서 온라인으로 이동 중입니다. 오프라인에서는 나와 의견이나 취향이 다른 사람과도 부대끼며 살아가야 하지만, 온라인에선 나와 마음 맞는 사람들로만 내 주변을 꾸리는 일이 가능하죠. 이렇게 남들은 어떤 걸 보고 듣고 사는지에 대한 감각은 희미해지고, 비슷한 의견을 지닌 사람들끼리 이룬 블록만 더욱더 단단해지는 '블록화 현상'이 강화돼요. 확증편향 때문에 인식하는 세계가 좁아지고 의견이 극단화할 위험이 커지는 거예요.

섬과 섬 사이를 잇는 다리처럼
사람들의 '블록'을 이어 가 본다면

그렇다고 모두 똑같은 프로그램을 보고, 다수가 쉽게 동의할 법한 무난한 이야기만 하던 시절로 되돌아갈 수는 없습니다. 이는 산업적으로 가능한 일도 아니거니와, 다채로운 목소리를 담아낼 수 있게 된 진보적 변화를 거스른다는 점에서 바람직하지도 않죠.

앞으로 영상 콘텐츠 시장은 더욱더 정교하게 설정된 타깃 소비자층을 겨냥해, 더 다양한 주제를 더더욱 깊게 다루는 방향으로 흘러갈 거예요. 좋고 나쁘고의 문제를 떠나 이미 돌이킬 수 없는 흐름입니다. 그렇다면 우리는 자신의 취향, 자기 의견 안에 고립되지 않기 위해 무엇을 할 수 있을까요?

각자 다른 의견과 취향으로 이뤄진 블록들 사이의 '네트워크'를 활발히 만들어 가는 방식은 어떨까 싶어요. 윤지후·최지향의 「소셜미디어에서 이견異見 관련 경험과 의견 극화: 접촉, 교류, 회피를 중심으로」(2020)라는 연구 논문에 따르면, 온라인상에서 생각의 극단화를 막기 위해선 '단순히 나와 다른 의견을 지닌 사람들을 접하기만 하는 것이 아니라, 이들과 적극적으로 의견을 교류하면서 상대의 주장을 이해해 보려 노력해야만 한다'고 합니다. '저 사람은 저런 생각을 하는구나.' 정도로 그치지 말고 "저는 조금 생각이 다른데, 왜 그렇게 생각하셨나요?"라고 물어보며 대화를 나눠야 한다는 거예요. 내 주장을 내세워 이기려 들기보다 상대를 이해하고 접점을 늘리려는 노력이 필요하다는 얘기죠.

여러분이 콘텐츠 창작자라면, 의견이나 관점이 다른 사람들과 컬래버레이션collaboration(협업)을 하며 교류해 볼 수 있을 겁니다. 또 콘텐츠 소비자라면, 여러분과 다른 취향이나 의견을 지닌 친구와 함께 서로 콘텐츠를 추천해 주며 이야기를 나눠 볼 수 있을 테고요. "나는 네가 추천해 준 콘텐츠에서 이런 부분이 불편했는데, 너는 어떤 부분이 좋았어?"라고 물어보는 데서 교류의 물꼬가 트입니다. 그렇게 나와 다른 관점으로 다른 세계를 바라보며 살아가는 이들과 교류하려는 '의식적인 노력'을 할 때, 비로소 우리는 내 취향과 의견 안에 갇혀 외로워지는 일을 피할 수 있을 거예요.

누구나
타인의 목소리를 　　✳
훔칠 수 있는 시대

세상을 떠난 지 오래된 가수들의 '신곡'을 들을 수 있다면 믿으시겠어요? 고인의 목소리를 똑같이 흉내 내도록 학습된 음성합성 인공지능(이하 'AI')이 그의 생전 음성으로 우리에게 신곡을 들려주죠. 한 IT 회사가 개발했다는 이 모창 AI는 가수 특유의 창법이나 호흡, 노래할 때 드러나는 사소한 습관 등을 학습해 흉내 낼 수 있습니다. 데이터와 학습 시간만 충분하다면 이론적으론 그 어떤 가수의 목소리로도 노래할 수 있는 셈이에요. 업체로서는 이런 흥미로운 기술을 가장 효과적으로 과시하려면 어떻게 해야 할까요? 세상을 떠나 신곡을 발표할 수 없게 된 가수들의 목소리로 새로운 노래를 들려주는 것만큼 강력한 홍보 수단은 또 없을 겁니다.

고인의 목소리로 노래하는 AI와
그 뒤에 도사린 윤리적 질문

2020년 12월에 방영된 Mnet 〈AI 음악 프로젝트 다시 한번,〉에서는 2008년 사망한 터틀맨(그룹 거북이의 리더)의 목소리를 학습한 AI가 가호의 노래 〈시작〉(2020)을 개사한 신곡 〈새로운 시작〉을, 1990년 사망한 김현식의 목소리를 학습한 AI가 박진영의 〈너의 뒤에서〉(1993)를 각각 불렀습니다. 2021년 1월에도 SBS 〈신년 특집 세기의 대결 AI vs. 인간〉 제1회 방송에서 1996년 사망한 김광석의 목소리를 학습한 AI가 김범수의 〈보고 싶다〉(2002)와 김광진의 〈편지〉(2000)를 불렀죠.

물론 세상을 떠난 가수를 다시 무대로 소환한 사례가 이번이 처음은 아닙니다. 그러나 모창 AI는 이전의 시도와 차원이 달라요. 숨겨져 있던 미발표곡도 아니고 그들이 사망한 이후에 발표된 곡을 부르게 했다는 점에서, 대중에게 단순히 추억을 곱씹는 것을 뛰어넘는 충격을 가져다줬으니까요.

기술의 발전은 전에 없던 감동과 함께, 전에 없던 두려움도 전해 줍니다. 새로운 기술 덕에 이전까지 불가능했던 많은 일이 가능해지면서 전에 없던 윤리적 쟁점들도 새롭게 등장하죠. 크게는 '타인의 목소리를 위조해 범죄에 악용하는 일이 생기면 어떻게 할 것인가?'부터, 섬세하게 들어가면 '고인의 목소리에 대한 권리를 입수한 사람이, 당사자였다면 부르지 않았을 스타일이나 가사의 노래에 그 음성 데이터를 활용하려 든다면 이를 제지하거나 윤리적으로 비판할 수 있을까?' 같은 질문도 가능할 거예요.

전자는 이미 개발자들이 범죄를 방지할 기술을 개발 중이라고 밝혔지만, 후자는 이야기가 좀 복잡해집니다. 당장 누군가가 "김현식이 살아 있었다면 〈너의 뒤에서〉를 과연 리메이크하고 싶어 했겠는가?"라는 질문을 던진다면, 그 누가 개운하게 답을 해 줄 수 있을까요?

김현식과 김광석이 세상을 떠난 뒤에 태어난 청소년 여러분은 이 얘기에 크게 공감이 안 될 수도 있겠네요. 다 큰 어른들이 AI가 모창한 노래를 듣고, 좋았던 옛날과 사라져 버린 가능성을 생각하며 눈물짓는 광경이라니! 물론 좋아하는 가수가 요절하는 아픔 같은 건 아예 모르는 편이 낫습니다. 하지만 제가 지금부터 할 이야기는 여러분에게도 제법 해당 사항이 있을 듯해요.

내 아이돌의 목소리로
가스라이팅을 한다면?

2021년 1월, 게임 개발업체인 엔씨소프트(이하 'NC')가 '유니버스'UNIVERSE라는 이름의 케이팝 뮤지션 팬 커뮤니티 플랫폼을 정식으로 시장에 선보였어요. 아이즈원, 몬스타엑스, 더보이즈, 강다니

엘, (여자)아이들, 에이티즈, AB6IX, 아스트로, 우주소녀, CIX, 박지훈 등 11개 팀이나 개인 아티스트 라인업으로 시작한 유니버스는, 독점 공개 화보나 드라마와 예능 프로그램 등의 오리지널 콘텐츠를 제공하는가 하면 해당 플랫폼에서만 볼 수 있는 콘서트 등의 이벤트도 개최한다고 하죠.

다양한 특전 중에서도 팬들의 관심을 가장 크게 끈 서비스는 '프라이빗 콜'Private Call일 겁니다. 프라이빗 콜은 참여 아티스트의 목소리나 말투를 재현한 AI가 사용자에게 전화를 걸어 주는 서비스예요. 이용권을 구매한 사용자가 원하는 날짜와 시간을 지정해 예약하면, 그에 맞춰 AI의 음성메시지를 받을 수 있습니다.

오랜 기간 게임 개발로 다져진 NC의 기술이 활용될 새로운 서비스에 대한 기대감 때문인지 유니버스는 사전예약자 수만 400만 명을 돌파했어요. 하지만 뚜껑을 열자마자 이 서비스는 팬들의 엄청난 비판에 직면하고 말았죠. 팬들과 대화할 때 나오는 아티스트의 다정한 말투나 특유의 언어 습관을 제대로 따라 하기엔 유니버스의 AI가 너무 뻣뻣하고 어색했거든요.

설상가상으로 그 뻣뻣한 말투와 목소리로 건네는 말들의 내용도 이상했습니다. '힐링'이나 '썸' 같은 상황 설정에서도 AI는 "너 사는 곳이 어디야?"라고 묻거나, "내 전화 왜 한 번에 안 받아? 앞으로는 한 번에 받도록 해."라며 집착하고 통제하는 말을 건넸죠. 해당 스크립트를 만든 사람은 이런 말들이 설렘을 줄 것으로 생각

가스라이팅

정신적·정서적 학대의 한 유형으로, 타인의 심리나 상황을 조작해 스스로 의심하게 만들어 무력화한 뒤에 지배력을 행사하는 행위를 말함. 가족이나 연인 등 친한 사이에서 벌어지는 경우가 많음.

한 모양이에요. 그러나 데이트폭력과 **가스라이팅**gaslighting, 스토킹 범죄 등으로 흉흉한 시대에 상대가 다짜고짜 이런 말을 건네면 설레긴커녕 두려워지는 법입니다. 온라인상엔 프라이빗 콜에 불쾌감을 호소하는 이용자가 속속 등장했죠.

"목소리가 안 비슷하다."라는 비판은 기술을 보완하면 되는 일일지 몰라도 "내 아이돌의 목소리를 가져다가 시대착오적인 말을 하게 만들었다."라는 비판은 팬들의 마음을 이해하지 못했다는 점에서 더 근본적인 오류를 지적해요. 내 가수가 불쾌한 말을 건네는 걸 보고 싶어 하는 팬은 세상에 없죠. 심지어 당사자도 아닌, 내 가수의 음성을 흉내 낸 AI가 불쾌한 말을 하도록 해서 그 대가로 돈을 받아 가는 회사의 서비스 같은 걸 좋아할 팬은 더더욱 없고요.

앞서 예로 든 윤리적 문제가 현실에서 발생한 겁니다. '아이돌의 목소리에 대한 권리를 입수한 회사가, 당사자였다면 하지 않았을 대화에 그 음성 데이터를 활용하려 든다면 이를 제지하거나 윤리적으로 비판할 수 있을까?'라는 쟁점이죠. 프라이빗 콜에 목소리를 제공한 아티스트들은 살아 있다는 점에서 앞선 예와 차이가 있겠습니다만, 목소리를 사용할 권리를 허용한 뒤에 벌어진 일들에 과연 어디까지 통제력을 발휘할 수 있을지는 미지수예요.

기술이 범죄가 되지 않도록
창작자의 윤리를 고민할 때

프라이빗 콜을 둘러싼 일련의 소란은 딥페이크Deepfake 기술을 떠올리게 하는 구석이 있어요. 영상 속 인물의 얼굴에 다른 사람의 모습을 덧씌울 수 있는 딥페이크 기술은 원리만 놓고 보면 모창 AI나 음성합성 AI와 크게 다르지 않거든요. 덧씌울 사람의 얼굴 이미지를 입력하면, 컴퓨터는 그 사람이 얼굴 근육을 어떻게 움직이는지 학습한 뒤에 원래 영상 위에 합성한 얼굴을 감쪽같이 덧씌웁니다. 흥미롭고 경이로운 기술이죠.

하지만 이 경이로운 기술이 어떻게 활용되는지를 보면 암담해져요. 오픈소스로 기술이 공개된 직후부터 온라인상에는 '딥페이크 포르노'가 우후죽순 올라왔습니다. 기존의 포르노 영상에다가 딥페이크로 여성 유명인의 얼굴을 합성한 거죠. 네덜란드의 사이버보안업체 딥트레이스(지금의 센시티)가 2019년 발표한 보고서에 따르면, 전 세계 딥페이크 영상의 96%가 딥페이크 포르노예요. 새로운 기술이 가장 활성화한 분야가 디지털성범죄라는 사실은 인류애를 상실하게 합니다.

딥페이크 기술 활용과 관련해 가짜뉴스의 위협도 만만찮아요. 2018년 5월, 벨기에의 중도좌파 정당인 다른사회당sp.a은 기후변화 정책에 대한 대중의 관심을 끌어내고자 딥페이크를 활용한 캠

페인 영상을 만들었어요. 당시 미국 대통령이었던 도널드 트럼프가 "우리는 파리기후협약에서 탈퇴했으니, 벨기에도 그렇게 해야 한다."라고 말하는 가짜 영상이었죠. 벨기에 정부가 더 적극적인 기후변화 정책을 추진하도록 압력을 가하기 위해 역으로 시민들을 자극하려는 목적이었습니다.

혹시라도 영상을 본 사람들이 진짜로 오인할까 봐 내심 걱정하던 다른사회당 측은 일부러 대충 만든 티가 팍팍 나게끔 조잡한 퀄리티로 영상을 제작했어요. 그런데도 영상을 진짜로 오인하며 분노한 사람이 적지 않았다고 하죠. "미국 대통령이 자기네 나라나 망가뜨리지, 왜 감히 남의 나라 일에 감 놔라 배 놔라 하는 거냐."라는 댓글이 줄지어 달리기 시작했거든요. 다른사회당은 이 사태를 수습하느라 애를 좀 먹었다고 합니다.

다행히 모창 AI나 음성합성 AI는 온라인상에 오픈소스로 풀린 딥페이크와 달리 각 개발사가 특허를 보유한 기술입니다. 프라이빗 콜 사태처럼 윤리적으로 모호한 방향으로 활용될 수는 있어도 당장 딥페이크처럼 대놓고 범죄에 악용될 가능성은 적죠. 기술을 활용하는 주체 또한 명확하니 책임을 묻기도 한결 쉽고요.

그런데 비슷한 시기에 각기 다른 회사에서 유사한 AI를 선보였다는 건, 비슷한 기술을 개발하는 사람들이 더 있다는 의미이기도 합니다. 딥페이크 기술도 오픈소스로 공개된 마당에 음성합성 AI라고 언제까지 대중의 손에서 멀찌감치 떨어져 있을까요? 컴퓨터

그래픽 기술이 갈수록 보편화해서 이제는 어도비 포토샵만 구매하면 누구나 그럴싸한 합성사진을 만들 수 있게 된 것처럼, 음성합성 AI 또한 머지않은 미래에 보편적인 기술로 자리 잡으리라고 보는 쪽이 더 정확한 판단이겠죠.

이런 사실을 염두에 두면 우리가 고민해야 할 문제는 단순히 '소비자'로서 '프라이빗 콜 같은 사태를 어떻게 받아들일 것인가?' 하는 지점에 그치지 않을지도 몰라요. '기술이 보편화해서 내 마음대로 타인의 목소리를 활용할 수 있게 된다면, 나는 이 기술을 어떻게 이용해야 할 것인가?'라는 '창작자'의 윤리까지 고민해 봐야 하죠. 아직 기술이 보편화하지도 않았는데, 벌써 걱정부터 하는 건 이른 일 아니냐고 말하는 분도 있을 거예요. 그렇지만 딥페이크나 포토샵을 활용한 범죄물의 생산 속도를 생각해 보면 기술이 보편화한 뒤에 시작하는 고민은 너무 늦습니다.

누구든 쉽게 창작자의 도구를 손에 쥘 수 있는 시대는 이미 펼쳐졌어요. 우리 모두 창작자의 윤리를 고민해야 마땅합니다. 지금, 당장.

북트리거 일반 도서

북트리거 청소년 도서

잘 봐 놓고 딴소리

드라마, 예능, 웹툰으로 갈고닦는 미디어리터러시

1판 1쇄 발행일 2021년 10월 25일
1판 3쇄 발행일 2023년 12월 15일

지은이 이승한
펴낸이 권준구 | **펴낸곳** (주)지학사
본부장 황홍규 | **편집장** 김지영 | **팀장** 양선화 | **편집** 김승주 공승현 명준성
책임편집 양선화 | **일러스트** 이동명 | **표지 디자인** 스튜디오 진진 | **본문 디자인** 이혜리
마케팅 송성만 손정빈 윤술옥 박주현 | **제작** 김현정 이진형 강석준 오지형
등록 2017년 2월 9일(제2017-000034호) | **주소** 서울시 마포구 신촌로6길 5
전화 02.330.5265 | **팩스** 02.3141.4488 | **이메일** booktrigger@jihak.co.kr
홈페이지 www.jihak.co.kr | **포스트** http://post.naver.com/booktrigger
페이스북 www.facebook.com/booktrigger | **인스타그램** @booktrigger

 ISBN 979-11-89799-59-5 43300

* 책값은 뒤표지에 표기되어 있습니다.
* 잘못된 책은 구입하신 곳에서 바꿔 드립니다.
* 이 책의 전부 또는 일부 내용을 재사용하려면 반드시 저작권자의 사전 동의를 받아야 합니다.

북트리거

트리거(trigger)는 '방아쇠, 계기, 유인, 자극'을 뜻합니다.
북트리거는 나와 사물, 이웃과 세상을 바라보는 시선에 신선한 자극을 주는 책을 펴냅니다.